www.designers-inn.de

Bibliographische Information Der Deutschen Bibliothek: Die Deutsche Bibliothek verzeichnet diese Publikation in der Deutschen Nationalbibliographie; detaillierte bibliographische Daten sind über http://dnb.ddb.de abrufbar.

ISBN 9-783839-166468

Herstellung und Verlag: Books on Demand GmbH, Norderstedt

Gestaltung und Satz:
artivista | werbeatelier GbR
www.artivista.de

Die Verwendung der Texte und Bilder, auch auszugsweise, ist ohne Zustimmung der Autoren urheberrechtswidrig und strafbar. Dies gilt auch für Vervielfältigungen, Übersetzungen, Mikroverfilmung und für die Verarbeitung mit elektronischen Systemen.

Copyright © 2014 Marco W. Linke (3. Auflage)

Design kalkulieren.

Stundensatz berechnen. Kosten kalkulieren.
Nutzung vereinbaren. Verträge verhandeln.

Marco W. Linke

Inhalt

1. **DAS RICHTIGE BUCH FÜR SIE?**

2. **EINLEITUNG**

3. **ALLGEMEINES ZUR KALKULATION**

    1. Design kostet Zeit — 14
        - Zeitaufwand einschätzen — 15
        - Es geht auch einfacher! — 21
    2. Zeit kostet Geld — 24

4. **STUNDENSATZ**

    1. Der Irrglaube — 28
    2. Kosten über Kosten — 32
        - Projektunabhängige Kosten (Fixkosten) — 32
        - Projektabhängige Kosten (Variable Kosten) — 36
    3. Mein Stundensatz – Die Berechnung — 37
        - Erste Korrektur: Personalkosten — 39
        - Zweite Korrektur: Bürokosten — 41
        - Dritte Korrektur: Zeit — 45
    4. Zusammenfassung — 47

5. NUTZUNGSRECHTE

1. Gesetzliche Grundlagen — 52
2. Berechnung — 57
3. Beispiel „Einfaches Lizenzpaket" — 60
4. Beispiel „Erweitertes Lizenzpaket" — 61
5. Beispiel „Großes Lizenzpaket" — 62

6. DAS ANGEBOT

1. Beispiel Visitenkarte, einfache Nutzung — 65
2. Beispiel Visitenkarte, erweiterte Nutzung — 67
3. Beispiel Produktflyer, erweiterte Nutzung — 69
4. Beispiel Signet, umfangreiche Nutzung — 71
5. Tipp zur Angebotserstellung — 73

7. SONDERFALL: WEBDESIGN

1. Webdesign kalkulieren — 75
2. Nutzungsrechte kalkulieren — 77
3. Beispiel Firmen-Website — 78
   - Berechnung Kreation — 79
   - Berechnung Produktion — 81
4. Urheberrecht im Internet — 84

8. SONSTIGES

1. Das Kundenbriefing — 87
2. Fünf Entscheidungsgründe — 91
   - Ein gutes Bauchgefühl — 91
   - Kosten: Fair und transparent kalkuliert — 92
   - Pünktlich und zuverlässig. Statt übereilt! — 93
   - Ihr guter Ruf — 94
   - Service und mehr — 95
3. Die Investitionsempfehlung — 96
4. Vertragsrecht — 98
   - Kaufvertrag — 98
   - Dienstvertrag — 99
   - Werkvertrag — 99
   - Allgemeine Geschäftsbedingungen — 100

1. Das richtige Buch für Sie?

Die wichtigste Frage vorneweg: An wen richtet sich dieses Buch? »Design kalkulieren« soll allen Selbstständigen eine Hilfe bei der Kalkulation ihrer Angebote sein. Dabei werden vor allem folgende Fragen besprochen: Wie berechne ich meinen Stundensatz? Wie kalkuliere ich meinen (Arbeits-)Aufwand? Was sind Nutzungsrechte und wie berücksichtige ich diese? Zwar sind die Grundprinzipien leicht auf alle Dienstleistungsbereiche zu erweitern, allerdings beziehen sich meine Praxisbeispiele und Buch- oder Internetempfehlungen vor allem auf die Kreativbranche. Besonders geeignet ist das Buch also für:

> Grafik-Designer
> Web-Designer
> Fotografen
> Texter und Konzeptioner
> Textil- und Mode-Designer
> Produkt-Designer.

An dieser Stelle sei noch angemerkt, dass ich mir erlaube, der Einfachheit halber nur ›Designer‹ statt immerzu ›Designerinnen und Designer‹ zu schreiben. Es sei versichert, dass ich mich sowohl an die Frauen als auch an die Herren der Schöpfung wende! Zudem meine ich mit ›Designer‹ ganz allgemein die Berufsgruppe der Kreativen, so dass sich gut und gerne auch jeder Fotograf, Texter, Konzeptioner, Produkt-, Mode-, Textil-Designer und Werbetreibende angesprochen fühlen darf – und soll!

»Wenn man ganz bewußt acht Stunden täglich arbeitet, kann man es dazu bringen, Chef zu werden und vierzehn Stunden täglich zu arbeiten.«

ROBERT LEE FROST

2. Einleitung

21:40 Uhr. Der Drucker hat mit letzter Tinte das 32-seitige Design-Manual ausgedruckt, die Entwürfe sind auf schwarze Pappe geklebt und man hat das gute Gefühl, ein wirklich gelungenes Signet entwickelt zu haben. Momente, die dem Designer das erhebende Gefühl geben, einen der schönsten Berufe der Welt auszuüben. Am Monatsende wird die Euphorie nachhaltig gedämpft: der Blick auf das Firmenkonto. Zunächst einmal ist der Bankauszug nicht schön gestaltet. Schwerer wiegt allerdings, dass auch der Inhalt nicht überzeugt. Warum decken die Einnahmen kaum die Ausgaben? Und wo soll zwischen all den Zeilen der Gewinn versteckt sein? Das ist doch nicht möglich! Man hat doch ausschließlich zufriedene Kunden, freundliche Partner und rund um die Uhr geschuftet. Da der Tag nicht mehr als 24 Stunden zu bieten hat, bleibt nur eine Schlussfolgerung: **Die eigene Arbeit wird nicht ausreichend vergütet.**

Aber was heißt schon ›ausreichend‹? Wie berechne ich eine ›vernünftige‹ Vergütung? Was sollte, darf oder muss sogar ein Signet, ein Fotoshooting, eine Visitenkarte oder eine Website kosten? Mit welchen Angeboten stelle ich mein Licht unter den Scheffel, und ab wann verschrecke ich meine Kunden? Nun wären diese Fragen leichter zu beantworten, wenn die Spezies ›Designer‹ nicht grundsätzlich vertrags- und vor allem preisverhandlungsscheu wäre. Vielleicht liegt es daran, dass wir unsere Arbeit gern als Kunstwerk sehen, und diese damit ohnehin unbezahlbar ist. In gewisser Weise stimmt das ja auch. Als Künstler nimmt man voller Eifer die Herausforderungen der Menschheit auf sich, es sprudeln bereits beim ersten Kundengespräch tausende Ideen aus dem schier unerschöpflichen Quell der Kreativität - und dann trifft einen mitten im Fluss der Ereignisse die profane Frage: „Und was kostet das jetzt alles?" Diese Frechheit trifft den Designer mitten ins Mark. Dort, wo es am meisten schmerzt: im Reich der Zahlen und mathematischen Berechnungen. Da hat man soeben die innovativsten Einfälle zu Papier gebracht und wollte sich hoch motiviert in die Arbeit stürzen. Und der Kunde interessiert sich nur für den Preis? Man fühlt sich unverstanden. Man verkauft doch keinen Entwurf von der Stange oder ein Dutzend Layouts abgewogen und eingepackt wie ein Pfund Fleisch. Hier werden ›Werte‹ geschaffen! Völlig irritiert stammelt der Designer Floskeln, die ihm im ersten Augenblick besonders klug vorkommen. Zum Beispiel: „Das kommt drauf an." Grundsätzlich eine tolle Reaktion und übrigens auch die schulmäßige Standardantwort des studierten Juristen. Man glaubt, etwas Zeit gewonnen zu haben und wähnt sich in Sicherheit. Doch nach einer kurzen Stille folgt die unvermeidliche Gegenfrage: „Worauf?" Der nunmehr ganz und gar verunsicherte Designer bereitet den potentiellen Kunden nahezu entschuldigend auf einen möglichen Schock vor. Mit unnachahmlichem Einfallsreichtum wird um den heißen Brei philosophiert, um möglichst umständlich den kaum abschätzbaren Umfang der Arbeit zu erläutern. Tunlichst darauf bedacht, eine Vielzahl unbestimmter Variablen einzustreuen, die jederzeit nach unten korrigiert werden können: „Wenn ich nur den Entwurf erarbeite, wird es wahrlich ein wenig billiger, was natürlich auch von Ihrem Budget abhängt. Kommt noch die Reinzeichnung hinzu? Dann ... na ja ... das hängt natürlich davon ab, wo gedruckt werden soll. Ach so. Soll ich auch den Druck betreuen? Wissen Sie schon, wie viel Sie investieren möchten?" Gern benutztes Verhandlungsinstrument ist in der Endphase der Verzweiflung auch die Verwendung auffällig vieler Fremdwörter. Das erweckt einen professionellen Eindruck und hält den Kunden hoffentlich vom weiteren Nachfragen ab. Spätestens jetzt bekommt unser Gegenüber den Eindruck, wir wüssten zwar nicht, was wir wollen ... aber das mit ganzer Kraft. In der Konsequenz hat unser kleines Designbüro einen wohlgesonnenen Kunden verloren – oder bekommt den Zuschlag für eine derart niedrige Vergütung, dass der Auftraggeber bereit ist, sich auf das Abenteuer unserer Preiskalkulation einzulassen. Denken wir immer daran: Verhandlungspartner sind meist Kaufleute. Und kein Kaufmann investiert Geld in Leistungen, die nicht einleuchtend erklärt und transparent kalkuliert werden können. Ziel dieses kleinen Buches ist es, möglichst viel Rüstzeug für eine nachvollziehbare Kalkulation zu geben, die im besten Fall keine Fragen offen lässt – weder bei Ihnen noch beim Kunden. Ich hoffe, möglichst viele Denkanstöße für eine erfolgreiche Kalkulation geben zu können - aber natürlich ohne Anspruch auf Vollständigkeit oder Richtigkeit. Letzten Endes bleibt jedem Selbst überlassen, die für ihn passenden Argumente herauszufiltern und für seinen konkreten Einzelfall zu nutzen. Scheuen Sie also nicht, in meinen Auflistungen und Checklisten Ergänzungen vorzunehmen oder Unzutreffendes zu streichen. In diesem Sinne freue ich mich über möglichst viel Feedback, Anregungen, Korrekturen und Ergänzungswünsche, um dieses Thema auch in Zukunft möglichst umfassend für Sie und unsere Kollegen aufbereiten zu können. Dann mal los!

Bevor es losgeht ...

Auf den folgenden Seiten werden Sie viel Rüstzeug erhalten, um IHREN individuellen Stundensatz ermitteln und IHRE Angebote kalkulieren zu können. Denken Sie aber IMMER daran: **Dieses Buch ist keine Tabelle, die man 1:1 abschreiben sollte!** Auch ist dieses Buch weder ein Tarifvertrag noch eine Erklärung zu den Stundensätzen der Berufsverbände. Verstehen Sie dieses Buch eher als einen „Leitfaden", den es Schritt für Schritt abzuarbeiten gilt, um IHREN EIGENEN - ganz individuellen - Stundensatz zu ermitteln.

All die Listen, Tabellen und Berechnungen machen nur dann Sinn, wenn Sie diese mit IHREN eigenen Zahlen zum Leben erweckt.

Am Ende dieses Buches wird vermutlich jeder von Ihnen ein anderes Ergebnis erhalten. Es liegt in der Natur der Sache, dass z. B. ein voll ausgestattetes Fotoatelier in der Münchener Innenstadt mehr Kosten im Monat decken muss als ein Texter, der von zuhause aus arbeitet. Entsprechend muss das Fotoatelier einen höheren Stundensatz ansetzen, um „überleben" zu können. Die Beispielrechnungen stammen aus meiner eigenen Praxis und stellen einen guten Ausgangswert dar (hoffe ich). Dennoch sind es nur BEISPIELE! Erst wenn Sie Ihren eigenen Stundensatz gemäß den ersten Kapiteln erarbeitet haben, und meine Berechnungen mit Ihren Zahlen füllen, können Ihnen die Beispiele wirklich sinnvoll weiterhelfen. Und um euch den Start in die Welt der Zahlen zu erleichtern habe ich noch ein kleines Geschenk für euch auf der nächsten Seite :)

BONUS
Stundensatz kalkulieren PRO
Exel-Tabelle für Mac und Windows

Ergänzend zu diesem Buch habe ich für dich eine erprobte Exeltabelle entwickelt, mit der du deinen Stundensatz berechnen kannst (wenn du kein MS Office hast, kannst du die Tabelle mit dem kostenlosen Programm OpenOffice Mac/PC öffnen).

TIPP: Am besten füllst du die Tabelle beim Lesen dieses Buchs Schritt für Schritt mit deinen Zahlen. So bekommst du am Ende des Buchs einen guten Richtwert für deinen Stundensatz!

Du kannst die Tabelle hier **kostenlos downloaden:**
http://designkalkulieren.de/dk-bonus-stundensatz-kalkulieren/

3. Allgemeines zur Kalkulation

1. Design kostet Zeit

„Was kostet denn bei Ihnen eine einfache Visitenkarte?"

Dieserlei Fragen kommen immer zum ungünstigsten Zeitpunkt: zu Beginn der Geschäftsbeziehung! Am besten man stellt sich getrost darauf ein, grundsätzlich beim ersten Kundengespräch eine Grobkalkulation für die gewünschten Leistungen erstellen zu müssen. Ungünstigerweise kennen wir zu diesem Zeitpunkt weder das Projekt noch die genauen Anforderungen an uns, noch die größte Unwägbarkeit: den Kunden. Wenn der Kunde ›einfache Visitenkarte‹ sagt, meint er dann auch eine ›einfache Visitenkarte‹? Oder doch eine Klappkarte mit Spotlackierung und Prägung? Und was für ein ›Typ‹ Kunde ist der gut gelaunte Herr mit dem netten Lächeln mir gegenüber? Einfach nur ein freundlicher Mitmensch? Der unkomplizierte Kumpeltyp, der mit einem Wurstlogo über seiner Würstchenbude glücklich einschläft? Oder ein notorischer Querulant? Und welches Mysterium verbirgt sich hinter den Worten ›Das Logo ist ja eigentlich schon fertig‹? In der Tat ist damit meistens gemeint: „Wir haben uns schon fast für einen Firmennamen entschieden. Irgendetwas mit ›mobil‹ oder ›bio‹."

Dennoch: Schon bei der ersten Kalkulation müssen wir unsere Leistungen möglichst genau anbieten. Immerhin treten wir jetzt mit anderen Designbüros in Wettbewerb und müssen konkurrenzfähig bleiben. Die Kunst besteht darin, eine realistische Berechnung anzustellen, die genug Taler in unsere Kasse spült und zugleich den Kunden nicht verschreckt. Dabei dürfen Sie Ihren Bleistift nicht derart spitzen, dass Sie sich mit Ihrem Angebot unterhalb Ihrer (Lebens-)Kosten wiederfinden. Irgendwann wird der Bleistift nämlich zu kurz! Erzielen Sie unter dem Strich Verluste, können Sie sich früher oder später nicht mehr auf dem Markt halten. Also: Was ist zu tun? Im Unterschied zu den meisten anderen Berufsgruppen gibt es für Designer keine verbindlichen Honorarsätze. Damit muss grundsätzlich jeder seine Vergütung mit dem Auftraggeber selbst aushandeln und den Auftraggeber vom Preis-Nutzen-Verhältnis überzeugen. Dies mag einem Stardesigner mit einem Tagessatz von 80.000 EUR leicht gelingen, bei einem Berufsanfänger wird das Prozedere schon etwas schwieriger ...

Eine gute Kalkulation berücksichtigt drei Faktoren:

› Welcher Arbeitsaufwand kommt auf mich zu?
› Wie lange benötige ich zur Bewältigung dieser Arbeit?
› Wie hoch muss meine Arbeitszeit vergütet werden, um von meiner geleisteten Arbeit (gut) leben zu können?

Zeitaufwand einschätzen

Zunächst gilt es also festzustellen, welcher Arbeitsaufwand (= Zeitaufwand) auf uns zukommt. Gerade Berufsanfängern fällt es schwer, mangels Praxiserfahrung den wirtschaftlich realen Designentwicklungsprozess richtig einzuschätzen. Aber auch Profis fällt es zuweilen schwer, den Umfang eines Projektes einzuschätzen, wenn man das gewohnte Terrain verlässt. Bei dem Entwurf einer Visitenkarte kann der absehbare Zeitaufwand noch überschaubar sein, aber wie sieht es bei komplizierten Projekten, wie zum

Beispiel dem Entwurf einer Anzeigenkampagne, der Gestaltung eines Geschäftsberichtes, dem Layout und Satz eines Journals oder der Entwicklung eines Internetportals aus? Hilfreich ist es, die anstehenden Arbeiten in kleinere und überschaubarere Häppchen aufzuteilen, wie zum Beispiel:

› Beratungsleistungen
› Entwurfsarbeiten
› Reinzeichnung
› Abwicklung.

Sodann ist zu klären, mit welchem Zeitaufwand bei dem anstehenden Auftrag in der jeweiligen Kategorie zu rechnen ist. Wie kompliziert ist der Auftrag? Wie umfangreich gilt es zu beraten, und wie rasch könnte der Entwurf von der Hand gehen? Die Beratung zu einer Broschüre wird sicher zeitaufwändiger sein, als bei einem Briefpapier. Die Gestaltung eines 2-seitigen Flyers erfolgt zügiger als die eines Leporellos. Natürlich ist es kompliziert, den Arbeitsaufwand für ein Projekt im Voraus einzuschätzen. Die besondere Schwierigkeit besteht indes darin, dass viele Designarbeiten kaum pauschalisiert werden können. Ein Pauschalpreis setzt nämlich voraus, dass standardisierte Einzelleistungen kalkuliert werden können, die für alle Kunden gleich sind. Designleistungen werden jedoch nach individuellen Anforderungen für unterschiedlichste Kunden maßgeschneidert erbracht. Die Vielzahl der Designdisziplinen mit ihren unterschiedlichsten Arbeitsphasen und Anforderungen erfordert eine überaus differenzierte Betrachtungsweise der Designvergütungen. Unterm Strich hilft aber all das Gejammer nicht: Wir müssen unsere Arbeitszeit einschätzen! Hier hilft eine

Aufbröselung der alltäglichen Arbeit in einzelne Punkte weiter. Eine solche Art Leistungskatalog könnte wie folgt aussehen:

Entwicklung und Beratung

› Einarbeitung in das Thema
› Rechercheleistung
› Kommunikations- und Werbeanalysen
› Beratungen und Besprechungen
› Abwicklung

Entwurfsarbeiten

› Gestaltungskonzept (Stil, Form und Farbe)
› Typografisches Konzept
› Entwurfsarbeiten
› Präsentation
› Korrekturen

Produktion Print

› Materialabstimmung (Papierwahl, Druckverfahren, etc.)
› Einholen von Angeboten von Drittdienstleistern (Druckereien, Fotografen, etc.)
› Koordination und Kontrolle von Dritten (z. B. Druckereien)
› Druckbetreuung (Andruck, Druckabnahme, Koordination)
› Auftragshandling

Produktion Internet

› Technische Umsetzung (Programmierung) der Homepage,

inkl. Menü und Navigationselemente
› Technische Umsetzung der Folgeseiten
› Technische Umsetzung der Add-Ons, wie Kontaktformular, Galerie, Redaktionstool, Online-Shop, Flashintro
› Upload und Systemcheck
› Suchmaschinenoptimierung und –anmeldung
› Technische und redaktionelle Betreuung der Website

Sonstige Leistungen und Kostenfaktoren

› Desktop Publishing / Reinzeichnung
› EBV / Elektronische Bildbearbeitung (pro Motiv)
› Organisationskosten (Porto, Kuriere, Fahrtkosten)
› Materialkosten (Ausdrucke, Proofs)
› Aufbereitung von Rohdaten, inkl. Korrekturlauf nach Verifikation durch Kunden; Mehrarbeit durch analoge Datenlieferung (Scans und Bildkorrekturen, Datenübernahme durch manuelle Texterfassung)
› Erwerb von Bildrechten
› Lektorat, Übersetzungsbüro
› Anfertigung von Präsentationen
› Fahrtzeiten, Spesen

Natürlich kann die Liste endlos weitergeführt werden. Die Kunst besteht darin, sich nicht zu sehr in Details zu verlieren. Schaffen Sie für sich passende Kalkulationseinheiten und kontrollieren Sie regelmäßig Ihre Arbeitszeiten nach diesem Schema! Dazu eignen sich hervorragend Stundenzettel oder entsprechende Zeiterfassungs-Software (einige Beispiele habe ich in der Anlage zusammengefasst).

Nach und nach werden Sie Werte für ›geringen‹ und ›hohen‹ Aufwand ermitteln. Und schneller als gedacht finden Sie realistische Maßstäbe, wie zum Beispiel für den Entwurf einer ›einfachen Visitenkarte‹ aus unserem obigen Beispiel:

Kunde: Max Mustermann

Projekt: Einfache Visitenkarte

Leistungen:

Beratung: 0,3 Stunden

Ideenfindung: 0,5 Stunden

Entwurfsarbeit: 1,0 Stunden

Korrekturen:

Reinzeichnung:

Abwicklung: 0,2 Stunden

Mein Tipp:

Teilen Sie nicht nur Ihre Leistungen in kleinere wiederkehrende Arbeitseinheiten ein, sondern auch komplizierte Projekte in einzelne Teilchen. Zum Beispiel statt Entwurf einer 8-seitigen Unternehmensbroschüre:

› Entwurf Titel / Umschlag

› Entwurf Seite Inhalt

› Entwurf Folgeseite Inhalt (Layout-Adaption)

Haben Sie einmal Ihre durchschnittliche Arbeitszeit für die Titelgestaltung und für den Entwurf oder Satz einer typischen Folgeseite ermittelt, können Sie Broschüren oder Internetseiten mit unterschiedlichster Seitenzahl rasch berechnen. Je umfangreicher Ihr Projekt, desto wichtiger ist die effiziente Aufteilung in einzelne Arbeitsschritte, um nicht den Überblick zu verlieren. So könnte der Entwurf einer Website in folgende Arbeitsschritte unterteilt werden:

Screendesign Homepage

› Gestaltung des Basislayouts der Homepage

› Gestaltung des Menüs und der Navigationselemente

Screendesign Einzelseiten

› Gestaltung Webseite (Grundraster Text / Bild)

› Gestaltung typische Folgeseite

Add-Ons

› Gestaltung Bildergalerie
› Gestaltung Kontaktformular

Sonstige Leistungen

› Bildrecherche und Erwerb von Bildrechten
› Bearbeitung von gelieferten Texten
› Scan- und Fotoarbeiten

Auch hier gilt: Haben Sie einmal Ihre durchschnittliche Arbeitszeit für den Entwurf einer Homepage (Basislayout) und einer typischen Webseite ermittelt, können Sie Internetseiten mit unterschiedlichster Seitenzahl rasch berechnen. Mit etwas Übung und ständiger Selbstkontrolle, fällt Ihnen bald eine erste Einschätzung hinsichtlich der aufzuwendenden Arbeitszeit wesentlich leichter.

Es geht auch einfacher!

Nun führt die Methoder ›Learning by doing‹ zwar auf Dauer zum Ziel. Auch kann ich jedem raten, das eigene Arbeitstempo im Auge zu behalten. Schneller geht die Einschätzung von Arbeitszeit allerdings mit Hilfe der Berufsverbände.

Vergütungstarifvertrag für Designleistungen SDSt / AGD

Der regelmäßig neu aufgelegte ›Vergütungstarifvertrag für Designleistungen SDSt / AGD‹[1] (kurz VTV), herausgegeben von der Allianz deutscher Designer (AGD) und Selbständige Designstudios e.V. (SDSt), listet detailliert, nach Designbereichen geordnet, den geschätzten Zeitaufwand für die unterschiedlichsten Designprojekte auf. Dabei wird für jede anstehende Arbeit ein Stundenschätzwert für ›hohen‹ und ›niedrigen‹ Aufwand geliefert. Da in diesem Regelwerk über dreißig Jahre Erfahrenswerte stecken, entsprechen die Zeitangaben durchaus der Praxis. Mit diesem Büchlein auf dem Tisch (welches es auch als CD gibt) findet man rasch, mit welchem Zeitaufwand man bei dem Entwurf eines Flyers, einer Anzeige, einer Visitenkarte oder einer Webseite rechnen muss.

BDG Bund Deutscher Grafik-Designer e.V.

Auch der BDG Bund Deutscher Grafik-Designer e.V. bietet auf seiner Website (www.bdgduesseldorf.de) einen Honorarrechner an. Ähnlich der VTV-Version können auch hier Honorarempfehlungen nach verschiedenen Projekten sortiert und mit unterschiedlichen Schwierigkeitsstufen angezeigt werden. Der Rechner - in Form eines Widgets - ist in den Grundfunktionen kostenlos. Derzeit allerdings nur für MAC-User erhältlich. Angemerkt sei allerdings, dass sich die angegebenen Zeitspannen immer auf berufserfahrene Designer beziehen.

---

[1] Vergütungstarifvertrag Design SDSt/AGD der Allianz deutscher Designer (AGD), Steinstraße 3, 38100 Braunschweig, Telefon 0531.16757, Fax 0531.16989, info@agd.de, www.agd.de, ISBN 3-925812-01-6 (Preis ca. 30,- Euro)

Gehört Webdesign zu Ihrem Tagesgeschäft, werden Sie für den Satz eines Buches sicherlich etwas länger brauchen – und umgekehrt. Die entscheidende Frage ist dann, ob Sie diese Mehrzeit dem Kunden berechnen können? Wohl eher nicht. Schließlich kommt der Kunde zu Ihnen als ›Fachmann‹. Würden Sie dem Kunden erklären, dass Sie sich wahnsinnig über den Auftrag freuen, aber zunächst drei Tage das Benutzerhandbuch von InDesign studieren müssen, wird Ihr Kunde sich ebenfalls wahnsinnig über Ihre Ehrlichkeit freuen – dann aber lieber ein Designbüro mit etwas mehr Erfahrung aufsuchen. Also entweder sagen Sie gleich: Vielen Dank für Ihre Anfrage, aber in diesem Bereich bin ich leider nicht tätig. Oder Sie beißen in den sauren Apfel und legen Ihrem Angebot den Zeitaufwand zugrunde, den ein Fachmann benötigen würde.

Mein Tipp:

Betrachten Sie die übrige Zeit als Lehrgeld. Aber seien Sie getröstet: Dieses Lehrgeld wird wohl jeder von uns gezahlt haben. Und lieber zweimal etwas länger gearbeitet als ursprünglich kalkuliert, als einmal den Ruf des »langsamsten und dafür teuersten Designers« der Stadt zu haben.

Halten wir also fest: Der erste Faktor einer Angebotskalkulation ist der Zeitaufwand. Hier hilft zum einen die Selbstüberwachung der Arbeitszeit. Zum anderen professionelle Kalkulationshilfen, wie zum Beispiel der Vergütungstarifvertrag der AGD.

2. Zeit kostet Geld

Wenn wir wissen, wie lange wir für ein Projekt brauchen, müssen wir den kalkulierten Zeitaufwand nur noch in bare Münze umwandeln. Dazu wird unser Zeitaufwand mit einem angemessenen Stundensatz multipliziert. Jedoch sind wir mit dieser Erkenntnis wieder bei der Frage: „Was ist angemessen?" Eines ist unstrittig: Wir wollen am Ende des Monats genug Geld gesäckelt haben, um nicht nur überleben zu können, sondern auch in unser Büro zu investieren und uns womöglich ein paar Tage Urlaub im Jahr leisten zu können. Um zu wissen, welche Höhe unser Goldberg dafür erreichen muss, ermitteln wir zunächst unsere Selbstkosten. Selbstkosten sind die fixen Minimalkosten, die durch die Ausübung unseres Berufes (Betriebsausgaben) und durch den Umstand, dass wir auf der Welt sind (Lebenserhaltungskosten etc.), jeden Monat aufs Neue entstehen. Nur wenn unsere Kalkulation diese Selbstkosten abdeckt, sind wir als Designer (über)lebensfähig[2]. Das Ergebnis der »Kostenrechnung« kann dabei für jeden Kreativen ganz und gar unterschiedlich ausfallen. Der Texter hat andere laufende Kosten als der Grafiker oder der Programmierer. Der Fotograf wird anders kalkulieren müssen, wenn er ein eigenes Atelier mit technischem

---

[2] Dazu fällt mir ein kleiner Witz ein: Fragt der IT-Fachmann den Patentanwalt: „Und was hast du dir dieses Jahr geleistet?" Der Anwalt: „Ich habe mir ein Segelboot gekauft." Darauf der IT-Fachmann: „Und was ist mit dem Rest?" Der Anwalt: „Davon bin ich um die Welt gesegelt. Und du?" Der IT-Fachmann: „Ich habe mir einen Sportwagen gekauft." Darauf der Anwalt: „Und was ist mit dem Rest?" Der IT-Fachmann: „Davon hab ich 'ne Tour durch die Staaten gemacht." Dann wendet sich der Anwalt an den Designer: „Und was hast du dir geleistet?" Der Designer: „Ich habe mir einen schwarzen Rollpulli gekauft." Darauf fragt der IT-Fachmann: „Und was ist mit dem Rest?" Der Designer: „Den hat mir meine Oma dazugegeben."

Zubehör unterhält, und der Werbegrafiker wird einen höheren Aufwand abzudecken haben, wenn er sich ein kleines Büro in Citylage mit Sekretärin leistet. So wird der Texter und Konzeptioner zum Beispiel einen eingerichteten Arbeitsplatz mit Telefon, einem normalen Office-Rechner mit üblichen Textverarbeitungs- und Kalkulationsprogrammen benötigen. Der Grafiker hingegen wird einen leistungsstarken Rechner kaufen müssen, um auch größere Bilddateien rasch verarbeiten zu können. Dazu kommen teure Layout- und EBV-Programme sowie zusätzliches Material zur Entwurfserstellung und für Präsentationen. Entscheidend ist also, in welchen Bereichen wir arbeiten: Screendesign, CAT, Interfacedesign, Modedesign, usw. Jeder Fachbereich stellt unterschiedliche Anforderungen an unsere Ausstattung. Fakt ist allerdings, dass jeder Arbeitsbereich Kosten verursacht, die sich aus der Ausstattung der Arbeitsplätze ergibt. Hinzu kommt, wo und wie wir leben und arbeiten. Sicher wird ein Büro in München unseren Geldbeutel mehr strapazieren als in Berlin. Und auch innerhalb der gleichen Stadt können die Preise für Miete und Leben ganz unterschiedlich ausfallen.

Aber ganz gleich, welche Zahl am Ende unserer Kostenrechnung steht, ob wir ein kleines, mittleres oder großes Designbüro unterhalten, das Prinzip bleibt immer das gleiche: Die eigenen Kosten sind zu betrachten und auf deren Grundlage ist zu errechnen, was zur Deckung dieser Kosten eingenommen werden muss. Der Basisstundensatz für einen freiberuflich tätigen Designer mit durchschnittlicher Erfahrung beginnt in Deutschland beispielsweise auf Empfehlung der Allianz deutscher Designer (Vergütungstarifvertrag Design, SDSt/AGD) bei netto 78 EUR. Waaaaas? So viel? Ja! Und in Städten mit hohem Lebenskostenindex, beispielsweise München, Hamburg, Frankfurt oder Düsseldorf, ist fraglich, ob dieser Mindestsatz für ein Designbüro mit professionellem Equipment überhaupt zur Kostendeckung ausreicht. Wie sich der eigene Stundensatz berechnen lässt, werde ich gleich im Detail erklären.

Jetzt aber erstmal zurück zu unserer Ausgangsfrage: Wie kalkuliere ich ein Angebot? Zunächst schätzen wir also unseren Zeitaufwand ein. Im zweiten Schritt berechnen wir unseren Stundensatz. Nun multiplizieren wir den zu erwartenden Zeitaufwand mit unserem Stundensatz. Fertig. Auf diesem Wege können wir rasch und ziemlich genau ein professionelles Angebot unterbreiten.

Beispiel: Der Kunde benötigt eine einfache Visitenkarte. Wir kramen also unseren Stundenzettel heraus, den wir bei einem vergleichbaren Projekt angelegt hatten und sehen: „Aha, das dauert circa zwei Stunden". Auf dieser Grundlage errechnen wir unser Angebot:

Entwurfsvergütung »Einfache Visitenkarte«

Zu erwartender Aufwand: 2 Stunden
zu einem Stundensatz i. H. v. 78,00 EUR

= 156,00 EUR

Auf die Frage „Was kostet eine einfache Visitenkarte?" können wir jetzt ohne herumzudrucksen antworten: *„Gehen wir von einem geringen Gestaltungsaufwand aus, müssen wir mit etwa 160 EUR netto rechnen. Vielleicht ein wenig drunter."*

Das sind doch klare Worte, die jeder Kaufmann zu schätzen weiß.

»Zwei Dinge sind zu unserer Arbeit nötig: Unermüdliche Ausdauer und die Bereitschaft, etwas, in das man viel Zeit und Arbeit gesteckt hat, wieder wegzuwerfen.«

ALBERT EINSTEIN

4. Stundensatz

1. **Der Irrglaube**

Wie berechne ich meinen eigenen Stundensatz? Ganz so einfach ist das nicht. Sonst wäre dieses Buch ja schon am Ende. Eine gesunde Größe sind 78 EUR netto pro Stunde. Aber dieser Wert kann natürlich in eurem eigenen Fall deutlich nach oben oder unten abweichen. Wichtig ist allerdings bei jeder Rechnung:

Schönreden gilt nicht! In der Praxis sind gerade die Kalkulationsmodelle der kleineren Designstudios äußerst realitätsfern. Zum einen spiegelt sich hier wohl unterschwellige Angst wider, die eigenen Angebote könnten nicht konkurrenzfähig sein, da zu teuer. Lieber werden ›Dumping-Preise‹ in Kauf genommen, als ganz und gar leer auszugehen. Zum anderen wird die Errechnung eines Stundensatzes gerne von hinten aufgezäumt:

„Wir haben 10 Stunden konzentriert an den Entwürfen gearbeitet und dabei 200,00 EUR verdient. Das macht 20,00 EUR die Stunde. Ich arbeite 5 Tage die Woche, also 20 Tage im Monat. Bei 8 Stunden am Tag und 160 Stunden pro Monat ergibt dies 160 Stunden mal 20,00 EUR = 3.200,00 EUR! Ist doch super!"

Stimmt. Nur leider scheint dieses Geld auf dem Weg vom Kunden zu uns irgendwo verschollen gegangen sein. Glaubt man nicht an die magische Selbstauflösung der Euronen, und unterstellt man der Bank einmal nicht kriminelle Machenschaften, müssen wir ein paar Kleinigkeiten in unserer Rechnung falsch gemacht haben.

Haben wir auch! Und zwar haben wir den „Faktor Kosten" und den „Faktor Zeit" falsch berechnet. Kommen wir zu dem ersten Hinkefuß unserer 3.200,00 EUR. In der freudigen Berechnung haben wir die anfallenden Kosten übersehen. Anders als vermutet, sind nämlich auch Rechnungen zu zahlen! Das ist recht einfach einzusehen. Allerdings reicht die grobe Vorstellung der monatlichen Kosten oftmals von der Miete bis zur Telefonrechnung. Auch das ist leider etwas zu kurz gedacht. Zahlreiche Aufwendungen, die geleistet werden müssen, um den Beruf überhaupt selbstständig ausüben zu können, werden schlicht ignoriert. Was kostet zum Beispiel die notwendige Software?[3] Wie sieht es mit Versicherungen aus? Wer bezahlt die Eigenwerbung? Und welche Kosten entstehen durch mich selbst?

Hier muss also noch kräftig gerechnet werden. Denn erst, wenn wir einen Überblick über unsere Kosten haben, wissen wir, was wir wirklich verdienen müssen, damit auch etwas fürs Leben übrig bleibt. Danach widmen wir uns dem Faktor Zeit. Gerne wird nämlich die zur Verfügung stehende Zeit ebenso überschätzt, wie im Gegenzug der tatsächliche Arbeitsaufwand unterschätzt wird. Eine überaus unglückliche Wechselwirkung. Haben Sie schon einmal die Zeit gemessen, die es braucht, einen neuen Kundenordner im Hängeregister anzulegen, die gelieferten Daten aufzubereiten und digital zu ordnen, den Computer hochzufahren und ein Programm zu öffnen, um dann irgendwann mal mit der eigentlichen Arbeit beginnen zu können?

---

3   Ich gehe mal davon aus, dass hier bei den meisten Designern „Kosten" angefallen sind – oder angefallen sein sollten.

Oder ein weiteres Beispiel: Der Kunde möchte ein Bild in der Broschüre ausgetauscht haben.

Sie sagen: „Kein Problem. Das dauert nur eine Minute: Copy & Paste." Tolle Idee. Nur kommt das Bild plötzlich per Post und muss gescannt und dann dem Kunden unbeschadet zurück geschickt werden. Dazu ein kurzes Anschreiben: „Alles erledigt. Anbei das Original zurück." Dann muss das digitale Foto in die richtigen Ordner auf dem Rechner einsortiert, digital aufbereitet und schließlich in die Broschüre eingebaut werden. Zuletzt muss die Seite mit dem neuen Bild dem Kunden zur erneuten Abnahme geschickt werden – und dann bemerkt dieser, dass er ein noch viel schöneres Bild gefunden hat (soll ja vorkommen). Und spätestens jetzt drängt sich die Frage auf:

War die eine (1) Minute Arbeitszeit wirklich realistisch? Unterschätzen Sie nie den tatsächlichen Arbeitsaufwand. Es hat gute Gründe, warum große Druckereien für nachträgliche Datenänderungen allein für den Verwaltungsaufwand pauschal zwischen 5 und 20 EUR berechnen.

Mein Tipp:

Auch für Kleinstarbeiten Zeitnachweise anlegen. Rasch hat man herausgefunden, wie lange man für welche Arbeit benötigt. Je sicherer man in der Zeiteinschätzung wird, desto mehr kann man auf die Zettelwirtschaft verzichten. Das schlichte Austauschen eines Bildes, inkl. PDF-Erstellung und erneuter Abnahme summiert sich übrigens rasch auf 10 - 15 Minuten.

Bei 78 EUR die Stunde wären dies rund 15 EUR. Ein Service, den man sich bei kleinen Projekten nicht allzu oft leisten kann. Aber selbst, wenn ich all die Kleinigkeiten der täglichen Arbeit dem Kunden berechne, was nebenbei bemerkt keiner macht, ist unsere abrechenbare Arbeitszeit weit von den oben angesetzten 160 Stunden entfernt. Denn wann bilde ich mich fort? Wann schreibe ich Angebote? Wann pflege ich meinen Arbeitsplatz, installiere Programme, fertige ein Backup an oder trinke einfach nur eine Tasse Kaffee? Sie sehen, die errechneten 160 Arbeitsstunden pro Monat werden nie in vollem Umfang dem Kunden in Rechnung gestellt werden können. Ganz im Gegenteil.

Wie viele berechenbare Stunden ich wirklich arbeite, werden wir noch im Detail ermitteln müssen.

2. Kosten über Kosten

Wir wissen, dass wir für eine gelungene Angebots-Kalkulation eine realistische Einschätzung unseres Stundensatzes benötigen. Dieser muss unsere Kosten decken – und dies in der uns zur Verfügung stehenden Zeit. Im Folgenden werden wir in Form einer Kostenrechnung den tatsächlich anfallenden Kosten zu Leibe rücken.

Im Wesentlichen fallen zwei Arten von Kosten an: projektunabhängige Kosten (Fixkosten) und projektbezogene Kosten (Variable Kosten). Erst wenn beide Kosten gedeckt sind, können wir uns auf den Gewinn freuen, der reichlich in den unendlichen Tiefen unserer Tasche versickern soll.

Projektunabhängige Kosten (Fixkosten)

Beginnen wir mit den Fixkosten. Fixkosten entstehen unabhängig von der Höhe des Umsatzes und von der Art des Auftrags: Sie sind projektunabhängig. Als laufende Kosten müssen diese immer als ›Mindestbetrag‹ in der Vergütung enthalten sein. Dazu gehören Personalkosten, Betriebskosten, Werbemittelkosten und weitere Kosten.

HINWEIS ZU DEN FOLGENDEN LISTEN: Ich versuche, bei meinen Auflistungen an möglichst viele Dinge zu denken, die für Sie zutreffend sein könnten. Aber bitte verstehen Sie meine Auflistungen als „Beispiel" bzw. „Dankanstoß" und erstellen Sie Ihre eigene - ganz individuelle - Auflistung!

Personalkosten

Auch als selbstständig Tätige fallen im Prinzip Personalkosten an – nämlich für uns selbst. Diese Personalkosten bilden einen großen Teil der monatlichen Fixkosten. Fangen wir mit den Vorsorgekosten an, d. h. Versicherungsbeiträge für:

> Krankenversicherung
> Altersvorsorge
> Haftpflichtversicherung
> Berufsunfähigkeitsversicherung
> Rechtsschutzversicherung

Beachten Sie, dass Sie Ihr ›eigener Angestellter‹ sind. Damit müssen Sie die Kosten in vollem Umfang tragen, d. h. inklusive des Teils, den sonst der Arbeitgeber für seinen Arbeitnehmer übernehmen würde (Arbeitgeberanteil). Darüber hinaus möchten Sie die gleichen Annehmlichkeiten eines Kollegen in Angestelltenverhältnis genießen, wie zum Beispiel:

> Urlaubslohn
> vereinbarte Lohnzuschläge
> Feiertagslohn
> Lohnfortzahlung im Krankheitsfall
> Freiwillige Sozialkosten
> Weihnachtsgeld, Urlaubsgeld
> Fortbildungen

All dieses Geld stünde Ihnen als Angestellter zu. Darauf sollten Sie auch als selbstständiger Designer nicht verzichten.

Betriebskosten

Zu den Fixkosten gehören ebenfalls die Betriebskosten, also:

> Miete
> Strom
> Wasser
> Gas, Heizung
> Telefon

Nicht zu vergessen sind die Inventarkosten. Inventarkosten sind Kosten für gekaufte oder geleaste bewegliche Gegenstände, wie zum Beispiel:

> Schreibtisch
> Stuhl
> Aktenschrank
> Computer
> Monitor
> Drucker
> Telefon
> Faxgerät
> Werbemittelkosten

Realistisch zu kalkulieren sind auch die Werbemittelkosten, also Kosten für die Eigenwerbung: Gerade der Designer braucht einen professionellen Werbeauftritt, von der ansprechenden Geschäftsausstattung mit Briefpapier, Folgeblatt, Kurzmemo und Visitenkarte bis zur originellen Imagebroschüre und einem herausragenden Internetauftritt.

All diese Dinge müssen (von Ihnen) gestaltet und deren Produktion bzw. Schaltung bezahlt werden. Berechnen Sie also:

> - Geschäftsausstattung
> - Imagebroschüre
> - Internetpräsenz
> - Kundenakquisition
> - Give-Aways
> - Anzeigenschaltung

Weitere Kosten

Gerne werden die weiteren Kosten der alltäglichen Arbeit unterschätzt, wie zum Beispiel:

> - regelmäßig anfallenden Wartungskosten, die durch Instandhaltung des Inventars verursacht werden
> - Wasch-, Putz-, Schmiermittel
> - Kleinmaterial (Tintenpatronen, Faxpapier, CD-Rohlinge, Klebebänder, Papier, Stifte, Lineal, Cutter oder Etiketten)
> - Tonnenweise Kaffee, Wasser, Saft, Gebäck
> - (Pflicht-)Beiträge (IHK, Künstlersozialkasse)
> - Kredite

Projektabhängige Kosten (Variable Kosten)

Neben den festen Kostengrößen Ihres Designstudios, gibt es eine Menge variabler Kosten. Diese entstehen bei der konkreten Umsetzung eines Auftrages und können je nach Anforderung des individuellen Auftrages variieren. Zunächst können gesonderte Personalkosten anfallen. So ist es denkbar, dass ein Illustrator oder Texter eingekauft werden muss, oder die Programmierung einer von Ihnen designten Website einem Informatiker überlassen wird. Vielleicht fallen Lizenzkosten für verwendetes Bildmaterial an, oder Sie beauftragen einen Fotografen. Die Anforderungen an einen selbstständigen Designer werden immer komplexer und medienübergreifender. Heutzutage wünscht der Kunde alles aus einer Hand. Damit wird es für ein kleines Designbüro aber fast unumgänglich, Leistungen Dritter einzukaufen, wie zum Beispiel die eines Texter, eines Programmierers, 3D-Spezialisten, Fotografen oder Komponisten. Damit fallen eine Menge Zusatzkosten an. Zu diesen gesellen sich dann noch Materialkosten durch

› Produktionsmuster
› Andrucke
› Farbausdrucke
› Präsentationsmodelle

Sie sehen, der Berufsalltag bringt Kosten über Kosten mit sich. Und die muss einer bezahlen: am besten der Kunde.

3. Mein Stundensatz – Die Berechnung

Nun kommt der angenehme Teil unserer Selbstständigkeit: Wir legen fest, was wir für ein Jahresgehalt anstreben wollen. Das macht Spaß und verleitet zu Träumen vom Haus am Strand, einem bescheidenen Pool im Garten - mit Blick aufs Meer und inmitten dieses Szenarios stehen wir in einem weißen Leinenanzug (respektive Kleid) und genießen die frische Brise auf der sonnengebräunten Haut.

Na gut, ganz so dolle sieht das durchschnittliche Bruttogehalt eines angestellten Designers ja auch nicht aus. Bleiben wir also realistisch. Dennoch: Immerhin liegt das Durchschnittsgehalt eines Grafikers derzeit bei rund 30.000 EUR pro Jahr, d. h. 2.500 EUR monatlich. Geben wir uns bescheiden, und nehmen dieses Sümmchen als Rechengröße.

Versetzen wir uns jetzt in die Situation eines Unternehmers, der einen Designer zu diesen Konditionen anstellen möchte. Schließlich sind wir ja nicht nur selbstständig, sondern auch Unternehmer. In gewisser Weise sind wir damit unser eigener Arbeitgeber und Arbeitnehmer in einer Person. Möchten wir uns nun am Ende des Jahres insgesamt 30.000 EUR in die Tasche schaufeln, müssen wir diese Summe zunächst einnehmen. Mit anderen Worten: Jede Stunde kostet Geld. Das sieht bei den angestrebten 30.000 EUR in Kosten pro Stunde umgerechnet wie folgt aus:

Monatliche Gesamtarbeitszeit:

21,5 Arbeitstage x 8 Stunden pro Tag
= 172 Arbeitsstunden pro Monat

172 Arbeitsstunden x 12 Monate
= 2.064 Arbeitsstunden pro Jahr

Teilen wir die 30.000 EUR durch die zur Verfügung stehende Arbeitszeit von 2.064 Arbeitsstunden, erhalten wir eine von uns zu erbringende Lohnzahlung in Höhe von

14,50 EUR pro Stunde

Anders ausgedrückt: Als Unternehmer müssten wir 14,50 EUR für unseren Designer pro Arbeitsstunde ausgeben.

FALSCH!

Die Rechnung scheint zwar auf dem ersten Blick richtig, aber tatsächlich haben sich in diese Berechnung drei Fehler eingeschlichen:

› Die Personalkosten sind nicht berücksichtigt
› Die Betriebskosten sind nicht berücksichtigt
› Der Faktor Zeit ist nicht korrekt berechnet

Erste Korrektur: Personalkosten

Als Unternehmer treffen uns Ausgaben, die wir wohl oder übel zu zahlen haben - die oben erwähnten Personal(zusatz)kosten. Hier also die versprochene Detailauflistung. Da diese Kosten von Fall zu Fall variieren, kann ich nur einen Überblick verschaffen und verwende statt exakter Zahlenwerte eine prozentuale Angabe gemessen am gewünschten Lohn i.H.v. 30.000 EUR. Diese Form der Berechnung liegt ziemlich nahe an der Wahrheit. Wer aber auf Nummer sicher gehen möchte, sollte seine realen Kosten einsetzen.

30 - 35 % Vorsorge- und Zusatzkosten

› Krankenversicherung
› Pflegepflichtversicherung
› Altersvorsorge
› Haftpflichtversicherung
› Berufsunfähigkeitsversicherung
› Rechtsschutzversicherung
› Diebstahlversicherung
› betriebliche Leistungen, wie zum Beispiel Fortbildungen, oder Betriebsfeiern

= 10.500,00 EUR

20 % für Sonderzahlungen

› Gratifikationen
› Urlaubsgeld
› Weihnachtsgeld

= 6.000 EUR

SUMME PERSONALKOSTEN

Personalkosten	30.000,00 EUR
Vorsorge- und Zusatzkosten	10.500,00 EUR
Sonderzahlungen	6.000,00 EUR
Summe	46.500,00 EUR

Uups.

Um am Ende des Jahres 30.000 EUR unser Eigen nennen zu können, müssen wir also viel mehr erwirtschaften, als ursprünglich gedacht. Es ist also nicht mit der einfachen Vergütung der geleisteten Arbeitsstunde getan. Ganz im Gegenteil.

Aber das Schrecklichste kommt ja noch: Die Kosten für unser Büro! Die Kosten für unsere Technik! Neben unserer Arbeit, die bezahlt werden muss, ist ja auch noch das ganze Drumherum zu bezahlen.

Zweite Korrektur: Bürokosten

Fangen wir mit den Inventarkosten an. Dazu zählen materielle Wirtschaftsgüter, z. B.

- Computer
- Monitor
- Drucker
- Telefon
- Mobiltelefon
- Faxgerät

und immaterielle Wirtschaftsgüter, z. B. Software

An dieser Stelle rate ich: Machen Sie sich die Mühe und rechnen Sie wirklich gewissenhaft die Kosten für Ihr Designbüro pro Jahr zusammen.

Inventar (inkl. Abschreibung und Instandhaltung):

- Schreibtisch
- Stuhl
- Aktenschrank
- Beratungstisch mit Stühlen
- Computer, Monitor
- Drucker, Scanner
- Computerzubehör
- Telefonanlage
- Faxgerät

= 5.000 EUR

Denkbar ist hier noch vieles andere, wie zum Beispiel ein Firmenfahrzeug, Fotoausrüstung, Laptop, Netzwerkrechner, etc.

Materialaufwand:

- Office-Papier für den Drucker
- Fotopapier, Schreibblöcke
- Hängeregister
- Stifte
- Heftklammern, Marker und Zeichenbedarf
- CD's samt Labels
- Klebestifte, Briefmarken, Briefkuverts

= 3.000 EUR

Kosten für allg. Verwaltung:

- Buchhaltung
- Angebots- und Rechnungsstellung
- Patentanwalt
- Steuerberater
- Rechtsberatung für Verträge
- Inkasso

= 5.000 EUR

Miete Büroraum:

(60 qm, warm, inkl. Instandhaltung)

= 10.000 EUR

Sonstige Bürokosten:

› Gas, Heizung
› Strom
› ISDN-Telefon
› Internet
› Fax

= 4.000 EUR

Kosten für Kundenbewirtung

= 1.000 EUR

Nicht direkt abrechenbare Reise- und KFZ-Kosten:

› Benzin
› Autopflege
› KFZ-Versicherungen
› ADAC

= 1.500 EUR

Eigenwerbung:

› Image-Broschüre
› Anzeigen
› Kundeninformationen
› Geschäftsausstattung
› Internet

= 5.000 EUR

Zwischensumme: 34.500,00 EUR

zzgl. kalkulatorisches Risiko = 1.725,00 EUR

Summe Bürokosten: 36.225,00 EUR

Zeit für uns, Bilanz zu ziehen und zu schauen, was wir für Gesamtkosten in einem Jahr produzieren:

Personalkosten:	46.500,00 EUR
Agenturkosten:	36.225,00 EUR
Gesamtkosten:	82.725,00 EUR

Jetzt rechnen wir auf dieser Grundlage erneut unseren Stundensatz aus. Diesmal aber einen, der schon eher zur Deckung unserer Kosten ausreicht:

21,5 Arbeitstage x 8 Stunden pro Tag
= 172 Stunden pro Monat

172 Arbeitsstunden x 12 Monate
= 2.064 Arbeitsstunden pro Jahr

Gesamtkosten pro Jahr = 82.725,00 EUR

82.725,00 EUR : 2.064 Stunden

= 40,08 EUR pro Arbeitsstunde

Dritte Korrektur: Zeit

Rund 40,00 EUR pro Stunde sind erforderlich, um in 2.064 Stunden unsere Betriebsausgaben zu decken und unser Wunschgehalt in Höhe von 30.000 EUR auf unserem Kontoauszug am Jahresende lächeln zu sehen. Nur hat die ganze Geschichte einen letzten Haken. Wir haben keine 2.064 Stunden zur Verfügung! Das Jahr hat zwar 365 Tage, davon sind aber nicht nur die 104 Sonn- und Samstage abzuziehen, sondern ebenfalls: 30 Urlaubstage, 11 Feiertage, 13,5 Krankheits- und Schulungstage.

All diese (Aus-) Zeiten müssen nämlich ebenfalls von irgendjemandem bezahlt werden! Als angestellter Designer wären wir empört, wenn uns unser Chef die wohlverdienten Ruhezeiten nicht bezahlen würde. Ganz gleich, ob wir krank im Bett oder munter auf einer Urlaubsliege schlummern. Wir würden erwarten, dass uns unser Arbeitgeber auch die Auszeiten finanziert. Als unser eigener Arbeitgeber müssen wir selbst Vorsorge treffen und diese Zeiten in unsere Vergütung einbeziehen. Immerhin gibt es keinen Grund, das gesamte unternehmerische Risiko zu tragen – um am Ende schlechter, als ein angestellter Kollege dazustehen.

Es bleiben also abzüglich oben genannter Urlaubs-, Feier-, Krankheits- und Schulungstage sowie der Sonn- und Samstage von den 365 Tagen des Jahres nur noch 206,5 Arbeitstage übrig, was 1.652 Arbeitsstunden entspricht. Da wir nicht rund um die Uhr mit (bezahlten) Kundenprojekten beschäftigt sind, sprich irgendwann auch noch Angebote und Rechnungen schreiben, Buchhaltung erledigen, Akquise betreiben, an Ausschreibungen teilnehmen, Mehrarbeit in Projekte stecken, unsere Eigenwerbung gestalten, die Website auf aktuellem Stand halten und uns weiterbilden müssen - also eine Menge interner Arbeiten erledigen, die wir nicht dem einzelnen Kundenprojekt zuordnen können, ziehen wir von unserem Stundenkonto weitere 35 % Arbeitszeit für interne Arbeiten ab. Realistisch sind hier zwar eher 40 % - 50 % anzusetzen. Bleiben wir dennoch bei unseren optimistischen 35 %, so schrumpfen unsere 1.652 Arbeitsstunden auf magere 1.074 Stunden.

Damit bleiben maximal 1.074 effektiv abrechenbare Arbeitsstunden pro Geschäftsjahr, die den gewünschten Lohn in die Kasse spülen sollen. Oha. Wir müssen demnach erneut unseren Stundensatz nach oben korrigieren!

82.725,00 EUR : 1.074 Stunden =

77,03 EUR pro Arbeitsstunde

Das ist ziemlich weit von den zuerst angesetzten 14,50 EUR entfernt – und unheimlich dicht an dem empfohlenen Stundensatz in Höhe von 78 EUR! Aber ganz gleich, auf welche Zahl Sie hier kommen: Seien Sie zu sich selbst ehrlich und berechnen Sie Ihre Ausgaben realistisch. Andernfalls wird aus einem gutgemeinten Kundenfang-Stundensatz auf Dauer ein K.O.-Kriterium für die mühsam aufgebaute Existenz.

4. Zusammenfassung

Die erfolgreiche Kalkulation eines Angebots basiert im Wesentlichen auf drei Arbeitsschritten:

› Aufwandsabschätzung

Versuchen Sie stundengenau den Aufwand anstehender Arbeiten einzuschätzen. Führen Sie Buch über Ihre Arbeitszeit und holen Sie sich gegebenenfalls Hilfe seitens der Berufsverbände.

› Ermittlung des eigenen Stundensatzes

Errechnen Sie Ihren persönlichen Stundensatz unter Berücksichtigung der jährlichen Kosten und der tatsächlich zur Verfügung stehenden Arbeitszeit. Der von der AGD angegebene Stundensatz beläuft sich im Bundesdurchschnitt auf 78,00 EUR netto.

› Das Angebot

Multiplizieren Sie den zu erwartenden Arbeitsaufwand mit Ihrem Stundensatz. Nun haben Sie eine vernünftige Angebotsgrundlage zur Hand.

NICHT VERGESSEN: Liegen eure monatlichen Kosten deutlich niedriger als in meinen Beispielen und/oder könnt ihr mit einem geringeren Jahreseinkommen leben, wird auch euer Stundensatz ganz anders ausfallen. So ist durchaus ein Stundensatz von 30 EUR denkbar. Nur achtet bitte darauf, dass ihr in euren Berechnungen nichts Wichtiges vergessen habt!

Allerdings sind wir noch nicht ganz am Ziel.

5. Nutzungsrechte

Der Grafik-, Mode-, Produkt- oder Textildesigner ist nicht nur Berater, Gestalter, (Überlebens-) Künstler und Unternehmer, sondern auch Lizenzgeber. Nach dem Urheberrechtsgesetz (UrhG) gilt die Schaffung von gestalterischen Werken nämlich nicht nur als Dienst- oder Werkleistung im Sinne des Bürgerlichen Gesetzbuchs, sondern ggf. auch als eine persönliche, geistige Schöpfung. Unterliegen Designleistungen dem Urheberrecht, können diese Arbeiten nicht mehr ohne weiteres veräußert werden: Das Urheberrecht ist nämlich nicht übertragbar! Sind Sie also Urheber eines Werkes, können Sie das Urheberrecht an Ihrem Werk nicht Ihrem Kunden vermachen. Also, was ist zu tun?

Ganz einfach: Sie werden zum Lizenzgeber. Sie räumen Ihrem Kunden die gewünschten räumlichen, zeitlichen und inhaltlichen Nutzungsrechte an den von Ihnen erbrachten Entwurfsarbeiten ein - und lassen sich diese Lizenzen je nach Umfang bezahlen (dazu später noch genauer!). Das Ganze klingt etwas eigenartig: Immerhin werden wir für eine Leistung bezahlt (zum Beispiel für den Entwurf einer Zeitungsanzeige); und nun soll der Kunde für die Nutzung eben dieser Leistung bezahlen? Das ist doch etwas doppelt gemoppelt? Die Antwort ist: nein.

Mit der Entwurfsvergütung wird der künstlerisch-gestalterische Teil unserer Arbeit abgegolten. Die Nutzungsvergütung hingegen deckt den wirtschaftlichen Wert der Arbeit ab. So ist der Arbeitsaufwand für eine Zeitungsanzeige immer annähernd vergleichbar, der wirtschaftliche Nutzen, den ein Unternehmen aus dieser

Anzeige zieht, kann allerdings recht unterschiedlich sein. Da ist es nur redlich, wenn die Anzeige einer weltweiten Werbekampagne höher vergütet wird als eine einmalige Bekanntmachung des hiesigen Tennisvereins.

So findet auf diese Weise eine faire und nachvollziehbare Budgetanpassung zwischen kleinen Einzelunternehmen und großen Weltkonzernen statt. Immerhin wäre es schwierig zu erklären, warum der Entwurf einer Visitenkarte für ein nationales Unternehmen teurer sein sollte, als bei einem regionalen Einzelkämpfer. Schnell könnte man in den Ruf kommen, Angebote willkürlich und nach persönlichen Vorlieben zu gestalten – frei nach dem Motto: „Bei großen Unternehmen bin ich halt dreimal so teuer. Die habens ja." Hier ist eine transparente Regelung gemäß der wirtschaftlichen Nutzung einer Arbeit weitaus charmanter. Betrachtet man das Konstrukt der Nutzungsvergütung näher, bringt es aber noch weitere Vorteile für uns – und vor allem für den Kunden.

› Der Kunde geht mit der Beauftragung des Designbüros ein geringeres Risiko ein. Zwar sind Entwurfs- und Nutzungsvergütung Teil des Gesamtvertrages, jedoch werden diese separat ausgewiesen und verhandelt. Durch diese Trennung könnten die vertraglichen Beziehungen bequem nach dem Entwurfsstadium abgebrochen werden, sollte dem Auftraggeber die Leistung des Designers nicht gefallen. Entsprechend trägt der Auftraggeber nur das Risiko für die Entwurfsarbeiten (die reine Arbeitszeit), da er nur diese berechnet bekommt, sollten die Arbeiten später nicht genutzt werden.

› Durch die Nutzungsvergütung kann auf die individuellen

Bedürfnisse und auf das Budget des Kunden eingegangen werden. So wird unterschieden, in welchem Umfang die Arbeit genutzt wird, in welchem Zeitraum, welcher Region und ob die Entwürfe dem Kunden exklusiv oder nicht exklusiv zur Verfügung stehen. Damit haben wir vielfältigste Möglichkeiten, den Kostenball flach zu halten. So könnte die Nutzungsdauer für einen Aktionsflyer auf ein Jahr beschränkt werden. Wird die Aktion im zweiten Jahr wiederholt, ist nur die Differenz zur erweiterten Nutzung zu zahlen. Dementsprechend kann der Kunde die Effizienz einer Werbeaktion in Ruhe testen und trägt ein geringes finanzielles Risiko. Stellt sich heraus, dass die Werbung ein so großer Erfolg war, dass er unsere Arbeit weiternutzen möchte, ist er sicher auch bereit, etwas mehr für diese Leistung zu zahlen.

› Jeder Kunde will das Glückshormon „Ich bin ein Verhandlungskönig" auskosten. Schenken Sie ihm das gute Gefühl, schwer verhandelt und das Beste für sich herausgeholt zu haben. Mit den Nutzungsrechten können wir nämlich entspannt in die Preisverhandlung gehen: Bringen wir erst einmal die Nutzungsrechte in den Vordergrund der Verhandlung, sind auch nur diese auf dem Prüfstand. Mit anderen Worten: Unsere Arbeitszeit und damit unser »Traumgehalt« wird bereits bezahlt. Seien Sie bei den Nutzungsrechten also ruhig etwas großzügiger: Möchte der Kunde unsere Leistung nicht nur in Deutschland, sondern auch in Österreich und der Schweiz nutzen, können wir guten Gewissens die erweiterte Nutzung für den deutschsprachigen Raum in den Topf werfen. Ist der Kunde nicht sicher, ob er die Entwürfe drei oder fünf Jahre nutzen möchte, schenken Sie ihm im Lichte der guten Zusammenarbeit die zwei Jahre. Nutzungsrechte sind ein hervorragendes Betätigungsfeld für Preisverhandlungen und lenken gekonnt von unserem unantastbarem Stundensatz ab.

Wie wir sehen, bieten uns Nutzungsrechte ein schönes Rüstzeug für Kundenverhandlungen. Gleichzeitig nutzen die Preisabstufungen nach Nutzung nicht nur uns, sondern auch dem Kunden. Die Kunst ist, dies dem Kunden zu erklären. Hat er die Zusammenhänge einmal begriffen, wird er die Vorteile zu schätzen wissen.

Leider sind die Nutzungsrechte im Arbeitsalltag des Designers nicht unbestritten. Zwar ist jedem bewusst, dass man nicht fremde Fotos aus dem Internet klauen und verwenden darf, dass es illegal ist, Musik und Videos aus Tauschbörsen zu saugen, dass man nicht ohne weiteres einen Rembrandt kopieren und als Original verkaufen sollte – bei grafischen Werken scheint jedoch keinerlei Unrechtsbewusstsein zu bestehen. Doch woran liegt das? Vor allem an der nach wie vor umstrittenen Rechtslage. Nehmen wir diese einmal unter die Lupe ...

1. Gesetzliche Grundlagen

Zunächst ein paar wichtige Paragraphen vorne weg:

§ 1 UrhG:

„Die Urheber von Werken der Literatur, Wissenschaft und Kunst genießen für ihre Werke Schutz nach Maßgabe dieses Gesetzes."

§ 2 Abs. 2 UrhG:

„Werke im Sinne dieses Gesetzes sind nur persönliche geistige Schöpfungen."

§ 31 Abs. 1 UrhG:

„Der Urheber kann einem anderen das Recht einräumen, das Werk auf einzelne oder alle Nutzungsarten zu nutzen (Nutzungsrecht). Das Nutzungsrecht kann als einfaches oder ausschließliches Recht sowie räumlich, zeitlich oder inhaltlich beschränkt eingeräumt werden."

§ 32 Abs. 1 S. 1 UrhG:

„Der Urheber hat für die Einräumung von Nutzungsrechten und die Erlaubnis zur Werknutzung Anspruch auf die vertraglich vereinbarte Vergütung."

Im Übrigen lege ich nahe, das UrhG einmal vollständig zu lesen. Keine Sorge, wir reden hier von einem schlanken Büchlein mit 143 Paragraphen. Diese sind allerdings umso spannender, da sie immerhin unserem Broterwerb dienen. Zudem findet man im

Internet zum Suchwort „Urhebergesetz" rasch eine kostenfreie digitale Version der Paragraphen.

Kommen wir jetzt zur Auslegung des UrhG: Als Urheber eines Kunstwerkes genießen wir für unsere Werke einen Urheberschutz, d. h., ein Dritter darf nicht ohne weiteres unsere Arbeiten nehmen und diese nutzen, vervielfältigen, kopieren usw. Aber wir können jedem Dritten – wie zum Beispiel unserem Auftraggeber – die Erlaubnis zur Werknutzung einräumen. Dann haben wir allerdings auch einen Anspruch auf eine angemessene Vergütung. Prima! Aber gehen wir ein Schritt zurück: Wann greift der Schutz des UrhG? Was ist ein „Kunstwerk" im Sinne des Gesetzes? Was ist eine angemessene Vergütung für die Nutzung unserer Arbeiten?

In § 2 UrhG heißt es: „Werke im Sinne des Gesetzes sind nur persönliche geistige Schöpfungen."

Okay: »Persönlich« erbringen wir unsere Entwürfe. Zudem »Schöpfen« wir: Wir setzen uns kreativ mit den uns gestellten Aufgaben auseinander, entwickeln Ideen zur Lösung, erarbeiten Entwürfe und bringen diese schließlich ins Reine. Durch diese geistig-schöpferische Auseinandersetzung, inklusive der anschließenden Erarbeitung entsprechender gestalterischer Lösungsvorschläge, erfüllt der Arbeitsprozess des Designers die gesetzlichen Kriterien des Urheberrechtsgesetzes ... möchte man meinen. Leider sehen (allen voran) die Finanzämter dies ein bisschen anders. Wen wundert´s? Schließlich werden künstlerische Arbeiten mit 7 % statt 19 % besteuert. Und in den Ohren eines Finanzbeamten klingen 19 % Umsatzsteuer viel besser. Aber auch die Gerichte sind sich nicht immer ganz einig, welche Designleistung nun nach UrhG geschützt ist und welche nicht. So hat es die Rechtsprechung in den letzten Jahrzehnten nicht geschafft, die Leistung des Designers endlich der des Hobbyfotografen gleichzustellen (Lichtbilder genießen nämlich immer den Schutz des UrhG). Der Bundesgerichtshof vertritt die Auffassung, dass eine urheberrechtlich geschützte Schöpfung im Bereich der zweckgebundenen angewandten Kunst – also im Bereich unserer Leistungen als Auftragsdesigner – nur dann vorliegt, wenn die erbrachte Leistung die bloß geschmacksmusterfähige Gestaltung deutlich überragt (vgl. BGH GRUR 1995, S. 581, 582). Zwischen welchen Zeilen der Bundesgerichtshof dies im Gesetzestext lesen will, ist ein Rätsel, aber so ist dies nun einmal. Natürlich springen die Finanzämter gerne auf den fahrenden Zug auf und legen ihrerseits fest, dass eine künstlerische Tätigkeit des Designers nur dann anzunehmen ist, wenn die Arbeit über die hinreichende Beherrschung der Technik hinaus geht, etwas Eigenschöpferisches enthält und eine bestimmte Gestaltungshöhe erreicht.

Das Ganze noch einmal in verständlichen Worten:

› Um den Schutz des UrhG genießen zu können, müssen wir zunächst die erforderliche Technik zur Ausübung unseres Berufes beherrschen. Wann dies der Fall ist, ist ein weites Feld (schließlich lernt man sein ganzes Leben dazu), jedoch deutet ein abgeschlossenes Studium schon einmal darauf hin.
› Dann müssen wir »selbst« gestalten. Immerhin verlangt das Gesetz eine persönliche Schöpfung. Na gut. Das ist verständlich.

› Schließlich müssen wir (im Rahmen unseres Auftrags) überhaupt kreativ tätig werden ‚können'. Haben wir keine schöpferische Gestaltungsfreiheit, da wir zum Beispiel ein klares Gestaltungsraster von unserem Auftragsgeber vorgesetzt bekommen, können wir auch keine kreativen Höhenflüge vollbringen, mithin keine schöpferische Höhe erreichen. Um uns den Urheberschutz des Gesetzes zu verdienen, müssen wir also die Möglichkeit haben, uns gestalterisch zu entfalten. Okay. Auch das ist nachvollziehbar.

› Überdies muss unser Werk von uns als Urheber geprägt sein. Wir müssen durch unsere individuelle geistige Arbeit etwas Eigentümliches und Neues schaffen. Dies ist bei dem Entwurf eines DIN-A4-Ausdrucks »Currywurst: 2 EUR« fraglich.

› Jetzt kann natürlich auch unser Wurstschild wahnsinnig »eigentümlich« sein. Nur muss unserem Werk auch noch eine »bestimmte Gestaltungshöhe« innewohnen. Tja. Wann diese erreicht ist, weiß nur Gott allein – und die Finanzverwaltung natürlich! Die Finanzbehörden vertreten die Auffassung, dass die Leistung des Designers »in der Regel keine Gestaltungshöhe auf der Ebene eines Kunstwerks erreicht«. Klasse. Da haben wir´s wieder: Wenn ich Kunst machen will, mal ich ein Bild. Dann ist egal, was drauf ist.

Summa summarum arbeiten wir als Designer in der ständigen Ungewissheit, ob unsere Entwürfe unter den Schutz des UrhG fallen – oder nicht. Einen eleganten Lösungsweg geht hier die Allianz deutscher Designer, indem sie in ihren »Allgemeinen Vertragsgrundlagen« die einengende Gesetzesauslegung des § 2 UrhG einfach umgeht. Dort wird schlicht die Geltung des Urheberrechtsgesetzes vereinbart, auch wenn die Schöpfungshöhe nach § 2 UrhG nicht erreicht ist.

Im Prinzip ein gelungener Kompromiss, solange die Gesetzgebung keine Rechtssicherheit für den Designer schafft. Allerdings ist zu beachten, dass diese Vereinbarung nur durch den Vertragsabschluss mit dem Geschäftspartner zustande kommt, mithin auch nur zwischen den Parteien gilt. Wird durch Dritte das Urheberrecht verletzt, so kommt die oben beschriebene Problematik wieder auf den Tisch, und es muss vor Gericht geprüft werden, ob die Gestaltungshöhe erreicht ist, etc. Zudem ist fraglich, ob diese Vereinbarung in den Allgemeinen Geschäftsbedingungen gut aufgehoben ist. Besser wäre es vielleicht, eine entsprechende Vereinbarung in den normalen Vertragstext aufzunehmen.

2. Berechnung

Bislang haben wir eine Menge über Nutzungsrechte gelesen. Die Vor- und Nachteile beleuchtet. Es ist an der Zeit, in die Praxis einzutauchen und zu schauen, wie wir mit Nutzungsrechten umgehen und diese berechnen. Dazu haben wir bereits weiter oben im Gesetz gelesen:

§ 31 Abs. 1 Satz 2 UrhG:

Das Nutzungsrecht kann als einfaches oder ausschließliches Recht sowie räumlich, zeitlich oder inhaltlich beschränkt eingeräumt werden.

Die Vergütung der Nutzungsrechte wird also bestimmt nach

› Nutzungsart
› Nutzungsgebiet
› Nutzungsdauer
› Nutzungsumfang

In der Praxis legt man für jede Nutzungsvariante einen Nutzungsfaktor (NF) fest. Die einzelnen Nutzungsfaktoren werden anschießend zusammengerechnet und ergeben so den jeweiligen Nutzungswert unserer Entwürfe.

Zur genauen Festlegung der einzelnen Nutzungsfaktoren hilft uns auch an dieser Stelle der VTV Tarifvertrag für Designleistungen weiter, der uns ein schönes Rechenwerk an die Hand gibt:

Nutzungsart

einfach (NF 0,2)
ausschließlich / exklusiv (NF 1,0)

Nutzungsgebiet

regional (NF 0,1)
national (NF 0,4),
europaweit (NF 1,2)
weltweit (NF 2,5)

Nutzungsdauer

1 Jahr (NF 0,1)
5 Jahre (NF 0,3),
10 Jahre (NF 0,5)
unbegrenzt (NF 1,5)

Nutzungsumfang

gering (NF 0,1)
mittel (NF 0,3)
umfangreich (NF 1,2)

In Anbetracht dieser tabellarischen Auflistung wird der oben angekündigter Vorteil der Nutzungsrechte besonders deutlich: Der Kunde zahlt nur die Nutzung, die er tatsächlich benötigt. Findet sich die Zielgruppe des Auftraggebers z. B. nur in Berlin–Brandenburg, kalkulieren wir auch nur die regionale Nutzung (NF 0,1) und nicht die deutschlandweite (NF 0,4) oder gar weltweite Nutzung (NF 2,5). Vielleicht plant der Kunde eine Unternehmensbroschüre, die jedoch spätestens in einem Jahr zu aktualisieren ist. In diesem Fall ist eine Lizenz für ein Jahr (NF 0,1) völlig ausreichend. Auch hier spart der Kunde bares Geld, da er nicht Lizenzen für fünf (NF 0,3) oder zehn Jahre (NF 0,5) erwerben muss.

Auf diese Weise können wir ein faires Angebot, maßgeschneidert nach den Anforderungen und finanziellen Möglichkeiten des Kunden errechnen. So muss unter dem Strich die Bäckerei an der Ecke viel weniger für die Gestaltung einer Anzeige in der hiesigen Tageszeitung bezahlen, als ein weltweites Unternehmen für die nationale Anzeigenkampagne.

Um dies noch mehr zu verdeutlichen, anbei ein paar Beispiele für unterschiedliche Lizenzpakte …

3. Beispiel „Einfaches Lizenzpaket"

Entwurfsvergütung:
78,00 EUR pro Stunde

Nutzungsvergütung:
einfach (0,2)
regional (0,1)
1 Jahr (0,1)
gering (0,1)
= Nutzungsfaktor 0,5 = 0,5 x 78,00 EUR
= 39,00 EUR

Summe (netto):
Entwurf: 78,00 EUR
Nutzung: 39,00 EUR
Gesamt: **117,00 EUR**

4. Beispiel „Erweitertes Lizenzpaket"

Entwurfsvergütung:
78,00 EUR pro Stunde

Nutzungsvergütung:
exklusiv (1,0)
national (0,4)
3 Jahre (0,2)
gering (0,1)
= Nutzungsfaktor 0,8 = 0,8 x 78,00 EUR
= 62,40 EUR

Summe (netto):
Entwurf: 78,00 EUR
Nutzung: 62,40 EUR
Gesamt: **140,40 EUR**

5. Beispiel „Großes Lizenzpaket"

Entwurfsvergütung:
78,00 EUR pro Stunde

Nutzungsvergütung:
exklusiv (1,0)
weltweit (2,5),
unbegrenzt (1,5)
umfangreich (1,2)
= Nutzungsfaktor 6,2 = 6,2 x 78,00 EUR
= 483,60 EUR

Summe (netto):
Entwurf: 78,00 EUR
Nutzung: 483,60 EUR
Gesamt: **561,60 EUR**

Wie man unschwer erkennen kann, erhöht sich unsere Gesamtvergütung flexibel nach den Anforderungen und finanziellen Möglichkeiten des Kunden.

Ein kleines Architekturbüro in der Nachbarschaft wird nicht das gleiche Budget zur Verfügung haben, wie ein international tätiger Automobilkonzern. Entsprechend ist auch der wirtschaftliche Wert unserer Arbeit anders einzuschätzen. Mit der Vergütung der Nutzungsrechte können wir auf diese Bedürfnisse individuell eingehen.

Noch einmal das kleine Zusatzbonbon:

Die zahlreichen Gestaltungsmöglichkeiten in der Einräumung von Nutzungsrechten geben uns die Möglichkeit, das Augenmerk des Auftraggebers auf die Verhandlung über den Lizenzvertrag zu lenken. Da unsere Kosten und unser Grundgehalt bereits mit dem Stundensatz gedeckt sind, können wir entspannt in die Verhandlung gehen und auf den Kunden zugehen.

6. Das Angebot

Im Folgenden möchte ich ein paar Beispiele zeigen, wie in der Praxis mit der Entwurfs- und Nutzungsvergütung zu arbeiten ist. Natürlich gelten die Berechnungen entsprechend, wenn Sie für sich einen höheren oder geringeren Stundensatz ermittelt haben.

Die Kalkulation rechne ich exemplarisch einmal mit einem Satz in Höhe von 78,00 EUR die Stunde und dann noch einmal als Vergleichswert mit 50,00 EUR.

1. Beispiel Visitenkarte, einfache Nutzung

Wir gestalten für eine regional ansässige Bäckerei eine zweiseitige Visitenkarte, 4c, Bilderdruck glänzend, ohne Veredelung. Da unser Kunde Geld sparen möchte, verzichtet er auf eine Exklusivität unserer Arbeit, d. h., wir könnten unsere Entwürfe auch anderweitig weiternutzen. In der Beratung wird deutlich, dass unser Bäckermeister jährlich neue Visitenkarten anfertigen lässt, so dass auch hier Einsparpotential ist.

Beispielrechnung Stundensatz 78,00 EUR

Entwurfsvergütung:
Zu erwartender Aufwand: 2 (bis 6) Stunden
zu einem Stundensatz i. H. v. 78,00 EUR
= 156,00 EUR

Nutzungsvergütung:
einfach (0,2), regional (0,1), 1 Jahr (0,1), gering (0,1)
= Nutzungsfaktor 0,5 x 156,00 EUR
= 78,00 EUR

Summe (netto):
Entwurf:	156,00 EUR
Nutzung:	78,00 EUR
Gesamt:	**234,00 EUR**

Beispielrechnung Stundensatz 50,00 EUR

Entwurfsvergütung:
Zu erwartender Aufwand: 2 (bis 6) Stunden
zu einem Stundensatz i. H. v. 50,00 EUR
= 100,00 EUR

Nutzungsvergütung:
einfach (0,2), regional (0,1), 1 Jahr (0,1), gering (0,1)
= Nutzungsfaktor 0,5 x 100,00 EUR
= 50,00 EUR

Summe (netto):
Entwurf:	100,00 EUR
Nutzung:	50,00 EUR
Gesamt:	**150,00 EUR**

2. Beispiel Visitenkarte, erweiterte Nutzung

Unsere Bäckerei möchte unseren Entwurf exklusiv nutzen, d. h., wir dürfen unseren Entwurf nicht für weitere Kunden nutzen. Außerdem möchte unser Bäckermeister die Visitenkarten für drei Jahre nutzen, da dann seine Tochter in das Unternehmen einsteigt und sicher frischen Wind in die Backstube bringen wird. Bis dahin werden die Karten aber sicher reichen ...

Beispielrechnung Stundensatz 78,00 EUR

Entwurfsvergütung:
Zu erwartender Aufwand: 2 (bis 6) Stunden
zu einem Stundensatz i. H. v. 78,00 EUR
= 156,00 EUR

Nutzungsvergütung:
ausschließlich (1,0), regional (0,1),
3 Jahre (0,2), gering (0,1)
= Nutzungsfaktor 1,4 x 156,00 EUR
= 218,40 EUR

Summe (netto):
Entwurf:	156,00 EUR
Nutzung:	218,40 EUR
Gesamt:	**374,40 EUR**

Beispielrechnung Stundensatz 50,00 EUR

Entwurfsvergütung:
Zu erwartender Aufwand: 2 (bis 6) Stunden
zu einem Stundensatz i. H. v. 50,00 EUR
= 100,00 EUR

Nutzungsvergütung:
ausschließlich (1,0), regional (0,1), 3 Jahre (0,2),
gering (0,1) = Nutzungsfaktor 1,4 x 100,00 EUR
= 140,00 EUR

Summe (netto):
Entwurf:	100,00 EUR
Nutzung:	140,00 EUR
Gesamt:	**240,00 EUR**

3.   Beispiel Produktflyer, erweiterte Nutzung

Wir gestalten für eine Computerfirma einen 6-seitigen Produktflyer. Der Kunde möchte den Entwurf exklusiv nutzen. Der Flyer wird für eine Messe benötigt und soll auch der Messenachbereitung dienen. Es kann von einer einjährigen Nutzung ausgegangen werden. Gerne würde der Kunde auf Grundlage unserer Entwürfe selbst ein paar Plakate und Namensschilder für seine Mitarbeiter auf der Messe anfertigen.

Beispielrechnung Stundensatz 78,00 EUR

Entwurfsvergütung:
Zu erwartender Aufwand: 6 Stunden
zu einem Stundensatz i. H. v. 78,00 EUR
= 468,00 EUR

Nutzungsvergütung:
exklusiv (1,0), regional (0,1), 1 Jahr (0,1), mittel (0,3)
= Nutzungsfaktor 1,5 x 468,00 EUR
= 702,00 EUR

Summe (netto):
Entwurf:	468,00 EUR
Nutzung:	702,00 EUR
Gesamt:	**1.170,00 EUR**

Beispielrechnung Stundensatz 50,00 EUR

Entwurfsvergütung:

Zu erwartender Aufwand: 6 Stunden

zu einem Stundensatz i. H. v. 50,00 EUR

= 300,00 EUR

Nutzungsvergütung:

exklusiv (1,0), regional (0,1), 1 Jahr (0,1), mittel (0,3)

= Nutzungsfaktor 1,5 x 300,00 EUR

= 450,00 EUR

Summe (netto):

Entwurf:	300,00 EUR
Nutzung:	450,00 EUR
Gesamt:	**750,00 EUR**

4. Beispiel Signet, umfangreiche Nutzung

Für ein deutschlandweit tätiges Bauunternehmen erarbeiten wir ein neues Firmenzeichen (Signet). Selbstverständlich möchte das Bauunternehmen unsere Arbeiten exklusiv, national, auf unbegrenzte Zeit und in vollem Umfang, d. h. für alle Medien und Verwendungsmöglichkeiten, nutzen.

Beispielrechnung Stundensatz 78,00 EUR

Entwurfsvergütung:
Zu erwartender Aufwand: 24 Stunden
zu einem Stundensatz i. H. v. 78,00 EUR
= 1.872,00 EUR

Nutzungsvergütung:
ausschließlich (1,0), national (0,4),
unbegrenzt (1,5), umfangreich (1,2)
= Nutzungsfaktor 4,1 x 1.872,00 EUR
= 7.675,20 EUR

Summe (netto):
Entwurf:	1.872,00 EUR
Nutzung:	7.675,20 EUR
Gesamt:	**9.547,20 EUR**

Beispielrechnung Stundensatz 50,00 EUR

Entwurfsvergütung:
Zu erwartender Aufwand: 24 Stunden
zu einem Stundensatz i. H. v. 76,00 EUR
= 1.200,00 EUR

Nutzungsvergütung:
ausschließlich (1,0), national (0,4),
unbegrenzt (1,5), umfangreich (1,2)
= Nutzungsfaktor 4,1 x 1.200,00 EUR
= 4.920,00 EUR

Summe (netto):
Entwurf:	1.200,00 EUR
Nutzung:	4.920,00 EUR
Gesamt:	**6.120,00 EUR**

5. Tipp zur Angebotserstellung

Bei größerem Arbeitsaufwand ist es durchaus ratsam, den erwarteten Stundenaufwand etwas transparenter aufzubröseln. In der Praxis reicht dies von einem detaillierten Stundenplan bis zur genauen Auflistung der Arbeiten. Schlägt man dem Kunden nur eine Stundenzahl um die Ohren, wird sich dieser wundern, was Sie die ganze Zeit vor Ihrem Bildschirm so treiben. Dies kann man ihm auch nicht verübeln, da er schließlich kein Designer ist und keinen Einblick in unseren Arbeitsalltag hat. Gliedert man die Arbeiten hingegen wie auf unseren Stundenzetteln auch im Angebot in appetitliche Häppchen, kann der Auftraggeber eher Verständnis für unsere Aufwandseinschätzung aufbringen. Aber Vorsicht! Auch hier gilt: Gehen Sie nicht zu sehr ins Detail! Andernfalls wird einem der Kunde rasch auf die Minute festnageln und bemängeln, dass man ja nur 1,3 Stunden beraten hat und nicht 3 Stunden, wie im Angebot kalkuliert. Dass man auf der anderen Seite mehrere Korrekturläufe hatte, und wir ein halbes Dutzend mal mit der Sekretärin zu kämpfen hatten, da diese keine PDFs öffnen kann, wird gerne übersehen. In meiner eigenen Praxis hat sich folgende grobe Auflistung der Arbeiten bezahlt gemacht:

› Beratungen und Besprechungen[4]
› Entwurfsarbeiten (bis zu zwei Korrekturläufe[5])

---

4   Ich würde raten, nicht nur Beratungen zu schreiben, da es sonst heißt, wir hätten nur „besprochen". Fakt ist, dass jede Besprechung Arbeitszeit ist.

5   Ich weise gerne einmal mehr darauf hin, dass Korrekturläufe inklusive sind. Das freut den Kunden. Andererseits sollte man die Zahl der Korrekturen begrenzen, da man sonst Wochen mit Änderungen zubringen kann.

> DTP / Reinzeichnung
> Auftragshandling
> Nutzungsvereinbarung

Im Rahmen der unterschiedlichsten Disziplinen werden sodann Ergänzungen vorgenommen, welche die besonderen Herausforderungen des Projekts näher erklären.

Versuchen Sie Ihre Arbeit aus Sicht des Kunden zu betrachten und überlegen Sie, welche Informationen Ihre Arbeitsschritte möglichst transparent und dennoch allgemein beschreiben. Am Beispiel der Signetentwicklung könnte dies wir folgt aussehen:

Einwicklung eines Firmensignets:

> Beratungen und Besprechungen
> Einarbeitung in die Materie[6]
> Kleine Kommunikationsanalyse
> Entwurfsarbeiten, inkl. Gestaltungskonzept, Farbkonzept, Typografiekonzept und Bestimmung der Tonality
> DTP / Reinzeichnung
> Anfertigung des Corporate-Design-Manuals
> Auftragshandling und Reinabwicklung
> Nutzungsvereinbarung

---

[6] Dieser Punkt macht natürlich nur bei wirklich großen Projekten Sinn.

7. Sonderfall: Webdesign

Die Spezies »Webdesigner« nimmt in gewisser Weise eine Sonderstellung in diesem Buch ein. Zum einen sind Webprojekte überaus vielschichtig und bedürfen einer besonders komplexen Planung. Darüber hinaus besteht Klärungsbedarf, was die Nutzungsvergütung von Webdesign betrifft. Und zu allem Überfluss muss der Webdesigner oftmals nicht nur das Design entwerfen, sondern auch gleich die Programmierung übernehmen – oder sich zumindest mit den Möglichkeiten der produktionstechnischen Umsetzung seiner Entwürfe auskennen.

1. Webdesign kalkulieren

Aufgrund der Komplexität eines Webprojektes ist die Erstellung eines Angebots relativ schwierig zu handhaben. Die Lösung dieses Problems ist hingegen gar nicht so kompliziert: Es gilt auch hier das bereits Gesagte! Unterteilen Sie Ihre Leistung in sinnvolle Angebotshäppchen. Beobachten Sie die Anforderung an Ihren Arbeitsalltag als Webdesigner und notieren Sie die immer wiederkehrenden Arbeitsphasen. Fassen Sie diese Arbeiten zu für den Laien nachvollziehbare Gruppen zusammen. Und schon erhalten Sie Produktgruppen, die Sie rasch nach den individuellen Bedürfnissen des Kunden zusammenstellen können.

Praxiserprobt ist zum Beispiel folgende Projektgliederung:

Entwicklung:

› Beratungen und Besprechungen
› Gestaltung Basislayout der Homepage
› Gestaltung Menü und Navigation
› Gestaltung typische Folgeseiten
› Gestaltung Add-Ons:
› Galerie
› Kontaktformulare
› Flashintro
› Flashbuttons
› Redaktionstool
› Login
› Shop
› Artikelseiten
› Bestellseiten

Produktion

Sonstige Leistungen:

› Bildrecherche und Erwerb von Bildrechten
› Erstellung / Bearbeitung von gelieferten Texten
› SEO
› Auftragshandling

2. Nutzungsrechte kalkulieren

Das Besondere ist, dass unsere Internetseite mit Onlinestellung theoretisch überall verfügbar ist. Das Nutzungsgebiet müsste daher mit »weltweit« (NF 2,5) angesetzt werden. Hier würden die Kosten explodieren. „Oh, klasse!", jubeln Sie. Aber zu früh gefreut: Eine Kostenexplosion um den Faktor 2,5 ist mehr als unangenehm für den Kunden. Seien wir ehrlich: nahezu unmöglich bezahlbar für die meisten Kunden. Ergo: schlecht für uns!

Lösung dieses Problem: Wir nehmen nicht die theoretischen Nutzungsmöglichkeiten als Maßstab unserer Kalkulation, sondern die tatsächliche Nutzung der Website. Wir koppeln also die Nutzungsrechte an dem Aktionsradius des Unternehmens, als handele es sich um eine Broschüre oder eine Werbeanzeige. Finden sich die Kunden des Unternehmens ausschließlich in der Region und akquiriert unser Auftraggeber auch nur in diesem Gebiet, so ist allein der Faktor für die »regionale Nutzung« anzusetzen.

3. Beispiel Firmen-Website

Wir wollen dies am Beispiel einer Firmenwebsite durchspielen. Gewünscht ist eine besonders stilvolle Website mit einer klaren Systematik. Geplant werden zirka acht Folgeseiten:

› Unternehmensvorstellung / Team
› Philosophie
› Referenzen / Arbeitsproben
› Leistungen 1
› Leistungen 2
› Leistungen 3
› Kontakt inkl. Formular / Impressum
› und als Besonderheit eine Seite „Galerie", in der historische Fotos die Meilensteine des Unternehmens anschaulich darstellen.

Die Website wird für ein erfolgreiches Promotionunternehmen entworfen und soll voraussichtlich in drei Jahren grafisch aktualisiert werden. Die Inhalte der Website (Texte, Bilder, Grafiken) werden vom Kunden digital geliefert, müssen jedoch für das Internet aufbereitet und optimiert werden. Auch ist hinsichtlich der genauen Seitenstruktur Beratungsbedarf.

Berechnung Kreation

Entwicklung

› Beratungen und Besprechungen
  (Nach Aufwand)

Entwurfsarbeiten Homepage

› Gestaltung Basislayout der Homepage
› Gestaltung Menü und Navigationselemente

Aufwand: 16 Stunden

Entwurfsarbeiten Folgeseiten

› Gestaltung typische Folgeseite
› mit reinen Textinformationen
› Gestaltung typische Folgeseite
› mit Bild- und Textinformationen

Aufwand: 6 Stunden

Entwurfsarbeiten Add-Ons

› Gestaltung Galerie
› Gestaltung Kontaktformular

Aufwand: 6 Stunden

Sonstige Leistungen

› Bearbeitung von Texten und Bildern
  (Nach Aufwand)

Summe Entwurfsvergütung:

Zu erwartender Aufwand: 28 Stunden

zu einem Stundensatz i. H. v. 78,00 EUR

= 2.184,00 EUR

Summe Nutzungsvergütung:

einfach (0,2), regional (0,1), 3 Jahre (0,2), gering (0,1)

= Nutzungsfaktor 0,6 x 2.184,00 EUR

= 1.310,40 EUR

Summe Kreativleistung (netto):

Entwurf:	2.184,00 EUR
Nutzung:	1.310,40 EUR
Gesamt:	**3.494,40 EUR**

Soweit. So gut.

Bei der Angebotskalkulation einer Website geht es an dieser Stelle aber noch mit dem Posten »Produktion« weiter.

Berechnung Produktion

Setzen wir unsere Entwürfe nicht selbst um, reicht die summarische Auflistung der Drittkosten samt ausgewiesenem Abwicklungsaufschlag als Anlage zu unserer Kalkulation. So kann der Kunde mit einem Blick die Gesamtkosten einsehen und sieht, wohin sein Geldregen fließt. Programmieren wir die Website selbst, kommen wir nicht umhin, dem Kunden einen groben Fahrplan der anstehenden Arbeiten mitzuteilen. In beiden Fällen ist in der Kalkulation der Teil „Produktion" deutlich von der „Kreativleistung" zu trennen.

Dies hat mehrere Gründe:

› Auf Produktionsleistungen fällt keine Vergütung für Nutzungsrechte an
› Künstlerische Tätigkeiten werden mit 7 % besteuert
› Produktionsleistungen werden mit 19 % besteuert
› Für künstlerische Tätigkeiten könnten Abgaben für die KSK anfallen

Mein Rat ist, Kreativ- und Produktionsleistungen sauber voneinander zu trennen. Während im Angebot übersichtshalber beide Posten nacheinander aufgeführt werden können, würde ich bei der Vergütung sogar separate Rechnungen schreiben. Andernfalls könnte ein freundlicher Finanzbeamter auf die Idee kommen, die Leistungen als Gesamtleistung zu betrachten und knallhart 19 % Umsatzsteuer für alle Leistungen einfordern! Berechnen Sie ohnehin 19 %, weil Sie gewerblich tätig sind, weil Sie z. B. auch die Online-Werbung planen, kann natürlich alles in ein Angebot und eine Rechnung gepackt werden.

Kommen wir zu unserer Produktionsgliederung.

Sicher gibt es zahlreiche Möglichkeiten einer sinnvollen Aufteilung der Arbeitsschritte. In jedem Fall sollte sich unsere Einteilung an den tatsächlichen Arbeitsabläufen orientieren. Versuchen Sie wiederkehrende „Produktgruppen" zu schaffen, die sich am Workflow orientieren und einen transparenten Überblick über die Arbeit geben.

Folgende Gliederung ist daher nur als Denkanstoß zu verstehen! Unser Angebot könnte wie folgt gegliedert sein ...

Umsetzung Basisseite (Homepage)

› Programmierung der Basisseite (Homepage) auf Grundlage der abgenommenen Gestaltungsentwürfe

Aufwand: 16 Stunden

Umsetzung Navigation

› Programmierung des Menüs und der einzelnen Navigationselemente (7-10 Stück)

Aufwand: 6 Stunden

Umsetzung Folgeseiten

› Programmierung 6-10 Folgeseiten

Aufwand: 7 Stunden

Umsetzung Add-Ons

› Programmierung Galerie
› Programmierung Kontaktformular mit Datenschutzerklärung, inkl. Datenbankanbindung

Aufwand: 7 Stunden

Sonstige Leistungen

› Upload der Website
› Systemcheck verschiedene Browser
› Suchmaschinenoptimierung und -anmeldung

Aufwand: 4 Stunden

Summe Produktionsvergütung:

Zu erwartender Aufwand: 40 Stunden
zu einem Stundensatz i. H. v. 78,00 EUR
= 3.040,00 EUR

Summe Gesamt (netto):

Kreativleistung:	2.184,00 EUR
Nutzungsvergütung:	1.310,40 EUR
Produktion:	3.120,00 EUR
Gesamt:	**6.614,40 EUR**

Nun werden die einen den Preis zu hoch und die anderen das Angebot viel zu preiswert finden. WICHTIG ist aber allein, dass Sie Ihre tatsächliche Arbeitszeit zu Ihrem Stundensatz vergütet bekommen, was es Ihnen erlaubt, von Ihrer Arbeit zu leben. Liegt

Ihr Stundensatz z.B. bei 38,00 EUR und nehmen Sie die Nutzungsvergütung als „Verhandlungsargument" sieht die Rechnung so aus:

Kreativleistung:	1.034,00 EUR
Produktion:	1.520,00 EUR
Gesamt:	**2.554,00 EUR**

Ein großer Unterschied. Und beides ist denkbar! Überdies variieren die Preise für Internetseiten ständig. Dabei reichen die Angebote von 500 EUR bis 50.000 EUR und mehr. Wie immer liegt die Wahrheit dazwischen. Da Internetseiten redaktionell und konzeptionell sehr umfangreich sind, zudem in der Programmierung von einfachen Kontaktseiten bis zu komplizierten Systemen mit Datenbankanbindung möglich sind, ist schlecht eine pauschale Antwort auf „Was kostet Webdesign" zu geben. Wichtig bleibt allerdings, dass Sie Ihren Stundensatz durchsetzen[7].

4.   Urheberrecht im Internet

Die digitalen Medien, allen voran das Internet, machen es uns leicht an Bildmaterial, an Texte oder vorgefertigte Programmbausteine zu kommen. Mit wenigen Klicks laden wir eine hübsche Fotografie von New York City, den passenden Informationstext aus einem digitalen Reiseführer samt einer ansprechenden Anfahrtsskizze zum Hotel aus dem Netz.

---

[7] Möglich sind allerdings sogenannte Staffelpreise. Gerade bei sehr umfangreichen Projekten ist eine Staffelung der Preise ratsam. Kalkulieren Sie zum Beispiel für eine typische Folgeseite 1 Stunde Aufwand, wird eine ähnliche Folgeseite (als schlichte Adaption) sicher schneller von der Hand gehen. Dieser Vorteil könnte durchaus dem Kunden durchgereicht werden.

Das ist praktisch – das ist strafbar – und das wird teuer!

Wie wir bereits wissen, räumt das Urheberrecht allein dem Urheber des Werkes das Recht an seiner geistigen Schöpfung ein. Das gilt auch im Internet. Ebenso für Fotos, Texte, Musik, wie überaus gern geklaute Anfahrtsskizzen und Stadtpläne. Macht der Urheber seine Werke der Öffentlichkeit zugänglich, indem er einen Blog postet, Bilder ins Netz stellt oder einen Stadtplan von Berlin auf seine Internetseite zeigt, heißt dies noch lange nicht, dass sich hier jeder frei bedienen und all die Dinge auch weiternutzen darf. Ganz im Gegenteil: Die Vervielfältigung, Verbreitung, Ausstellung sowie Bearbeitung oder Umgestaltung der Werke bedarf der ausdrücklichen Genehmigung durch den Eigentümer.

Mein Tipp:

Kaufen Sie Bildmaterial immer von den einschlägigen Bildagenturen, und erwerben Sie die notwendigen Lizenzrechte für das jeweilige Projekt. Zeichnen Sie Anfahrtsskizzen lieber selbst oder kaufen Sie die entsprechenden Nutzungsrechte vom Verlag. Übrigens: „Lizenzfrei" heißt nicht kostenlos. Natürlich muss auch die Nutzung eines lizenzfreien Bildes bezahlt werden, allerdings umfasst die Vergütung in diesem Fall die weitergehende Nutzung des Bildes, zum Beispiel für ein anderes Projekt[8]. Ein Blick in die AGBs oder der Hilfeseiten der einzelnen Bilddatenbanken hilft hier rasch weiter.

---

8   Meistens allerdings mit Einschränkung, wie zum Beispiel dem Wiederverkauf oder Handel mit erworbenen Bildlizenzen.

Hinsichtlich der Gestaltungshöhe ist bei Webgrafiken anzumerken, dass auch hier eine schöpferische Qualität erreicht werden muss, damit unsere Arbeit unter das UrhG fällt. Das ist für einfache Pixelgrafiken oder Baukasten-Webseiten eher nicht der Fall. Eine ansprechende, individuell gestaltete Unternehmensseite könnte hingegen den Schutz des Gesetzes genießen. Erwähnenswert ist, dass nicht nur grafische Arbeiten, sondern auch Programmiercodes und Datenbankwerke durch das Multimediagesetz urheberrechtlich geschützt sein können.

Die „persönliche geistige Schöpfung" kann sogar in der „Auswahl oder Anordnung der Elemente" auf einer Website gesehen werden, wie zum Beispiel bei einer Linkliste.

Ein Tipp am Rande: Es gehört zwar nicht ganz hierher, aber bei dem Stichwort »Links« fällt mir ein: Schlagen Sie im Internet einmal unter dem Stichwort »Disclaimer« nach. Sie werden eine Menge Formulierungen finden, wie sich Kollegen von möglichen Urheberrechtsverstößen schon im Vorfeld freisprechen wollen. Grundsätzlich wird dies wohl nicht funktionieren, aber ein zusätzlicher Sicherheitsanker kann ja auch nicht schaden, oder?! Und wenn Sie schon so fleißig beim Surfen sind, suchen Sie auch gleich nach den Begriffen »Telemediengesetz«, »Impressum« und »Datenschutzerklärung«.

Auch hier gilt es das eine oder andere zu beachten, was zwingend auf eine Website gehört – allerdings nicht in dieses Kalkulationsbuch.

8. Sonstiges

1. Das Kundenbriefing

Um ein Angebot abgeben zu können, bedarf es der genauen Abstimmung mit den Kunden. Es gilt zu klären, was der Kunde erwartet, welche Anforderungen er an uns stellt und welche Leistungen der Kunde selbst erbringen kann und will. Je genauer Sie über die Vorstellungen und Wünsche des Kunden informiert sind, desto eher können üble Überraschungen und der Dämon »Mehrarbeit« ausgeschlossen werden. Aus diesem Grunde ist das Kundenbriefing von herausragender Wichtigkeit in der Kundenbeziehung.

Immer wieder erfahre ich von gestandenen Kollegen, dass sie die Wünsche des Kunden wie Befehle entgegennehmen und ohne zu hinterfragen mit der Arbeit blind beginnen. „Der Kunde ist König. Sein Wille geschehe." Dabei wird übersehen, dass das Briefing die erste Beratung und beste Gelegenheit ist, Ihre Kompetenz unter Beweis zu stellen. In der Regel ist der Auftraggeber Laie auf Ihrem Gebiet – und genau deshalb wendet er sich ja an Sie als Fachmann. Spielen Sie den Hofnarren, und nehmen Sie kein Blatt vor dem Mund. Es ist nicht nur erlaubt, die Absichten und Ideen des Auftraggebers zu hinterfragen – es ist sogar zwingend erforderlich! Bereits in diesem ersten Stadium der Kontaktaufnahme können Sie Ihre Kompetenz und Weitsicht demonstrieren. Vielleicht wünscht der Kunde eine Firmenbroschüre mit Sonderlackierung und Heißluftfolienprägung anlässlich des 10-jährigen Jubiläums. Schlagen Sie doch einfach mal vor, auch gleich die Einladungskarten zu gestalten und ebenso aufwändig produzieren zu lassen. Weisen Sie darauf hin, dass Ihr Auftraggeber bares Geld sparen könnte, wenn er Broschüre und Karte in einem Rutsch gestalten und zusammen produzieren lassen würde. So könnten die Karten ohne erheblichen Aufpreis im Zusammendruck mitproduziert werden. Oder Ihr Auftraggeber beauftragt Sie mit der Gestaltung einer Internetseite, jedoch müssen Sie feststellen, dass bereits das Signet überaltert und ganz und gar nicht mehr zielgruppengerecht ist. Schlagen Sie ihm vor, zunächst die Basis der Gestaltungslinie, das Corporate Design des Unternehmens, auf solide, zeitgemäße Füße zustellen, um dann auf diese Grundlage aufbauen und sich dem Internet widmen zu können. Was würde es für einen Sinn machen, eine Internetseite zu gestalten, wenn bereits die grundsätzliche Gestaltungslinie nicht mehr erfolgversprechend ist.

Wie auch immer sich der Kunde entscheidet: In beiden Fällen beweisen Sie Umsicht, Kompetenz und Sorgfalt. Und im Optimalfall haben Sie als Bonus einen weiteren Auftrag in der Tasche. Bedenken Sie zudem, dass Ihr Auftraggeber in der Regel nicht überblicken kann, welche Informationen für die Abwicklung des Auftrags notwendig sind. Er wird sich weder über zu beschaffendes Bildmaterial, Zuarbeit der Texte oder über Produktionsfeinheiten Gedanken gemacht haben: Deshalb sitzt er ja an Ihrem Tisch.

Es liegt also an Ihnen, sich aktiv die notwendigen Informationen für einen reibungslosen Arbeitsablauf zu beschaffen. Bereiten Sie sich deshalb bestmöglich auf das Briefing vor. Sprechen Sie ohne Scheu vorausschauend und kompetent alle Abwicklungs- und Produktionsfragen an.

Mein Tipp: Bei kosten- und zeitaufwändigen Projekten könnte im Vorfeld eine „kleine Kommunikationsanalyse" angeboten werden. Hier werden Fragen

› zum Unternehmen
› zur Unternehmensphilosophie
› zum Produkt
› zur Zielgruppe
› zum Sinn und Zweck der geplanten Werbemaßnahme
› zur Konkurrenz
› und zu bestehenden Marketingmaßnahmen,

in die Ihre Arbeit eingebettet werden soll, erörtert. So gewinnen Sie nicht nur für Ihre spätere Arbeit wertvolle Einblicke in die Branche des Auftraggebers, Sie beweisen zudem Interesse an dem Produkt respektive dem Unternehmen. In jedem Fall gestalten Sie das Briefing aktiv. Klären Sie notwendige Fragen für Ihre spätere Arbeit, und trauen Sie sich ruhig, auch einmal zu widersprechen oder andere Lösungswege aufzuzeigen, als der Kunde im Hinterkopf hatte. Sie sind der Fachmann! Sinnvoll ist es, sich für jedes Briefing einen groben Fahrplan festzulegen.

Dieser könnte wie folgt aussehen:

› Versuchen Sie möglichst viele Informationen über Ihren Auftraggeber zu erhalten.
› Zeigen Sie aktives Interesse – ohne Ihr Gegenüber auszuhorchen.
› Gezieltes Fragen und Zuhören sind gefragt.
› Widmen Sie sich konzentriert der gestellten Aufgabe.
› Behalten Sie aber dennoch den Gesamtüberblick.

- Versäumen Sie nicht, nach dem Werbeziel des Projektes zu fragen.
- Welcher Inhalt soll durch Ihre Arbeit transportiert werden?
- Welche Zielgruppe soll angesprochen werden?
- Wie bettet sich Ihre Arbeit in das übrige Marketing ein?
- Welche Gestaltungsgrundlagen gilt es zu beachten?
- Vergessen Sie auch nicht so banale Fragen wie: „Gibt es eine festgelegte Hausfarbe und Hausschrift? Eine besondere Bildsprache, die es zu beachten gibt?" Es kommt nicht selten vor, dass auch große Unternehmen kein wirklich festgelegtes Corporate Design haben. Prima! Zufälligerweise sind Sie ja Designer!
- Stellen Sie sich kurz und knapp vor. Aber bevor Sie zu Schwafeln beginnen, legen Sie sich vorab ein paar Standards fest: beruflicher Werdegang, Kernkompetenz, wichtigste Referenzen als Kompetenzbeweis.
- Schreiben Sie mit!
- Fassen Sie nach jedem Briefing alle wichtigen Eckdaten des Briefings zusammen.
- Es empfiehlt sich, dem Kunden ein verkürztes Gesprächsprotokoll zusammen mit der Budget- und Zeitplanung zukommen zu lassen.
- Gliedern Sie Ihre Informationen übersichtlich und halten Sie neben den Terminen auch die Zuständigkeiten fest.

2.   Fünf Entscheidungsgründe

Bei all dem sollten Sie sich stets vergegenwärtigen, dass Ihnen der Kunde Geld anvertrauen möchte. Es liegt an Ihnen, ihm gute Gründe für sein Vertrauen aufzuzeigen. Versetzen Sie sich dazu in die Lage des Auftraggebers und überlegen Sie, mit welchen Stärken Sie sich selbst überzeugen würden. Folgende »Top-5-Entscheidungsgründe« sollten Sie in Ihre Überlegungen einbeziehen.

Ein gutes Bauchgefühl

Überzeugen Sie durch Ihre Person und einen gelungenen Kompetenzbeweis (z. B. über Referenzen, Eigendarstellung, etc.). Der entscheidende Faktor für eine Auftragsvergabe ist letzten Endes die Qualität Ihrer Arbeit, Ihre Kreativität und Ihre Person. Punkten Sie durch eine gekonnte Darstellung Ihrer besten bisherigen Arbeiten, und beweisen Sie bereits im ersten Kennenlerngespräch mit dezent platzierten Ideen, dass Sie ein Kreativkopf sind, der sein Handwerk versteht. Einen besseren Einstieg in Vertragsverhandlungen gibt es nicht. Bauen Sie Vertrauen in Ihre Leistung und in Ihre Person als Leistungsträger auf. Nehmen Sie sich daher immer Zeit für ein persönliches Kundengespräch. Es gibt nichts Schlimmeres als ein Onlineformular, welches ein Kundenbriefing ersetzen soll. In meiner persönlichen Praxis versuche ich, vor jedem Angebot einen Gesprächstermin mit dem potentiellen Kunden zu erhalten. So kann ich unmittelbar auf die Wünsche und Vorstellungen des Kunden eingehen und mit Beratungskompetenz und ersten Ideen punkten.

Kosten: Fair und transparent kalkuliert

Sicher gibt es viele Kollegen, nach deren Meinung der Punkt »Kosten« ganz am Anfang Ihrer »Kunden-Entscheidungsgründe-Liste« stehen sollte. Meines Erachtens entscheidet aber vor allem das Bauchgefühl des Kunden! Fühlt sich der Kunde gut bei Ihnen aufgehoben, wird er gerne einen Euro mehr in das Projekt investieren, da ihm eine reibungslose Abwicklung Nerven, Zeit – und damit bares Geld sparen wird.

Ein weiterer Grund spricht gegen das Preisargument: Der Markt ist dermaßen von euphorischen Selbstausbeutern übersättigt, dass das Entscheidungskriterium »Preis« kaum noch zum Auftrag führen kann. Fast immer findet sich der Sohn eines Freundes, der gerade sein Designstudium begonnen hat, die begabte Tochter eines Kollegen oder der Student von nebenan, der/die preiswerter arbeitet. Wer hier in einen Preiskampf geht, hat bereits verloren. Andererseits spielen die Kosten natürlich eine wichtige Rolle bei der Auftragsvergabe. Das kann man nicht bestreiten.

Kommen wir also zu dem Kriterium »Preis/Kosten«. Vielleicht kann ich nicht mit einem Niedrigpreis überzeugen, dafür umso mehr durch Kalkulationssicherheit und Kostentransparenz. Sagen Sie klar und deutlich, was und wie Sie Ihre Leistungen berechnen. Wie wir gesehen haben, gibt es keinen Grund für nebulöse Erklärungsversuche. Design kostet Zeit – und Zeit kostet Geld. Punkt. Aus. Fast fertig: Denn Sie haben Ihr Rüstzeug für Preisverhandlungen ja bereits im Rahmen der Nutzungsrechte geschultert bekommen.

Pünktlich und zuverlässig. Statt übereilt!

Kann der Kunde mit mir rechnen, wenn Flyer für die Messe am Wochenende fehlen? Klar! Aber Schnellschüsse sollten nicht die Regel sein.

Nach allgemeiner Kundenansicht liegen unsere Entwürfe bereits zum Erstgespräch fertig in der Schublade. Auf die Frage: „Wann benötigen Sie die Layouts", erhalte ich grundsätzlich die Antwort: „Bis gestern". Zwar kaschieren die meisten diese Forderung mit einem Lächeln, jedoch ist nicht zu übersehen, dass auch ein Funken Wahrheit in dieser Vorstellung steckt. Ich bin dazu übergegangen, mit ebenso breitem Lächeln zu kontern: „Kein Problem. Mal schauen, ob Ihr Geld schon auf meinem Konto eingegangen ist."

Aber Spaß beiseite: Selbstverständlich möchte man es dem Kunden recht machen und in der Tat zahlt es sich aus, dann und wann auch einen Schnellschuss realisieren zu können. Aber bleiben Sie immer mit Ihrer Zeitkalkulation realistisch. Mehr noch: Planen Sie einen zusätzlichen Karenztag für Ihre Arbeit ein. Der Vorteil: Sollten Sie schneller als erwartet Ihre Arbeit erledigen können, wird sich Ihr Kunde ein Loch in die Geldbörse freuen, und Sie haben erfolgreich an Ihrem guten Image gearbeitet. Sollten Sie jedoch auf Drängeln des Kunden zu knapp kalkuliert haben und länger als gehofft benötigen, wird sich Ihr Kunde über Ihre „Unzuverlässigkeit" ärgern und im schlimmsten Fall schlecht über Sie reden.

Womit wir beim nächsten Punkt wären ...

Ihr guter Ruf

Mitentscheidend ist immer Ihr guter Ruf. Nun ist dieser schwer in Worte zu fassen.

Mein simpler Tipp: Geben Sie stets Ihr Bestes.

Darüber hinaus: Bleiben Sie im Geschäftsgebaren immer anständig. Kalkulieren Sie fair und angemessen. Kommt es zu Differenzen, ärgern Sie sich im stillen Kämmerlein, tragen Sie Ihren Frust aber nicht in die Öffentlichkeit. Sollte ein Kundenverhältnis nachhaltig gestört sein, bleiben Sie nett und freundlich - und lösen Sie die gemeinsame Zusammenarbeit ohne großes Getöse auf.

Tatsächlich ist es schon vorgekommen, dass ich den Kontakt zu einem zahlungsunwilligen Kunden abbrechen musste und arge Schwierigkeiten hatte, für die geleisteten Arbeiten schließlich doch noch die Vergütung zu erhalten. Dennoch fühlte sich der Kunde gut betreut und stand ein Jahr später mit einem neuen Projekt auf der Türschwelle.

Nach dem einjährigen Abkühlen des Gemüts hatte ich mich in gewisser Weise über diesen Vertrauensbeweis gefreut und stand besagtem Kunden gern mit Rat und Tat zur Verfügung – diesmal allerdings gegen Vorkasse.

Service und mehr

Zu guter Letzt entscheidet das ganze Drumherum.

- Wie umfassend berate ich?
- Wie viel Zeit nehme ich mir für den Kunden?
- Wie gut sind meine Arbeiten aufbereitet?
- Nehme ich dem Kunden Zuarbeiten ab?
- Gehe ich auf den Kunden zu?
- Denke ich im Rahmen von Sonderaktionen an meine Kunden?
- Bin ich immer freundlich?
- Wie melde ich mich am Telefon?
- Wie ist mein Öffentlichkeitsauftritt? Vom Briefpapier, bis zur Anrede im E-Mail-Verkehr?
- Rufe ich umgehend zurück, sollte ich nicht erreichbar sein?
- Erledige ich kleine Korrekturen unkompliziert und auch mal ohne Eurozeichen im Auge?
- Wie sorgfältig arbeite ich, und kann ich auch einen Fehler offen eingestehen und rasche Abhilfe schaffen?

Es liegt an Ihnen, den Kunden von Ihrer Arbeit zu überzeugen!

3. Die Investitionsempfehlung

Im Rahmen des Erstkontakts kommt zwangsläufig irgendwann die Frage nach den zu erwartenden Kosten. Bei einfachen Anforderungen können wir auf oben Gelerntes zurückgreifen und dem Kunden schon ziemlich genau sagen, was auf ihn zukommt. Bei komplizierten Projekten ist dies recht schwierig. Zu einer seriösen Kalkulation gehört eben ein gutes Briefing.

Nun können wir den Kunden nicht gleich mit einer Kommunikationsanalyse überrumpeln. Trotzdem erwartet unser Vertragspartner eine grobe Hausnummer. Da stellt sich die Frage, wie wir ohne Kenntnis der komplexen Details ein exaktes Angebot abgeben können? Die Antwort ergibt sich von selbst: gar nicht. Und genau dies müssen wir dem Kunden auch sagen. Sie können kein Puzzle zusammenfügen, wenn die Hälfte der Teile noch im Karton liegt. Ohne Klärung der Rahmenbedingungen, wie Umfang, Nutzung, Anlieferung und Aufbereitung der Daten, etc. ist kein ernsthaftes Kostenangebot möglich. Jetzt wird der Kunde sicher enttäuscht sein: Aber Sie können ihn trösten! Denn auch wenn Sie spontan noch kein verbindliches Angebot errechnen können, können Sie dennoch eine erste gute Investitionsempfehlung geben!

In jedem Fall werden Sie erfahren, welche grobe Leistung von Ihnen gewünscht ist und welchen (Nutzungs-)zweck Sie berechnen müssen. Prima! Damit haben wir doch schon einmal etwas. Nunmehr greifen wir schlicht auf unsere Stundenzettel respektive den Vergütungstarifvertrag zurück. Schnell finden wir für jede erdenkliche Leistung die Angaben zu dem zu erwartenden Arbeitsaufwand – unterteilt nach hohem und geringem Arbeitsaufwand. Damit können wir unserem Kunden eine erste Kostenschätzung geben. Unsere Investitionsempfehlung reicht im Zweifel von dem für die gewünschte Leistung anzusetzenden geringsten bis zum höchsten Aufwand. Mit der Zeit bekommt man jedoch ein ganz gutes Gespür, an welchem Ende der Skala man sich befindet, wodurch unser Budgetrahmen noch genauer festgelegt werden kann.

Ist der Kunde mit unserer Investitionsempfehlung grundsätzlich einverstanden, können wir uns in die Materie einarbeiten, um sodann ein genaues Angebot zu erarbeiten. Dieses »Einarbeiten« (ich würde dieses hochtrabend „Kleine Kommunikationsanalyse" nennen) könnten wir bei sehr umfangreichen Aufträgen vielleicht separat vergüten lassen. Als Kompromiss könnten Sie anbieten, die Vergütung für die Analyse und für die detaillierte Kostenaufstellung bei Auftragserteilung zu verrechnen.

4. Vertragsrecht

Für den Designer sind vor allem zwei Vertragstypen von besonderer Wichtigkeit: der Werkvertrag und der Lizenzvertrag. Zu dem Lizenzvertrag haben wir schon eine Menge geschrieben. Im Grunde kann hier jede erdenkliche Nutzungsvariante vereinbart werden – immerhin handeln wir mit unseren eigenen Rechten. Sinnvoll ist allerdings, sich an dem Wortlaut des UrhG zu orientieren und nach oben beschriebener Systematik die Nutzungsrechte und deren Vergütung zu vereinbaren.

Etwas näher möchte ich auf den Werkvertrag eingehen. Zunächst sollte man aber noch wissen, dass es im Alltag des Designers daneben außerdem den Kauf- und Dienstvertrag gibt. Allen Verträgen ist gemeinsam, dass man sich auf eine Leistung einigt und dafür eine Gegenleistung erhält. Übrigens ist in keinem dieser Fälle die Schriftform notwendig – aber ratsam!

Kaufvertrag

Beim Kaufvertrag übereigne ich dem Käufer eine Sache und erhalte dafür den vereinbarten Kaufpreis. Das ist einfach. Der Kaufvertrag käme bei uns nur zur Anwendung, wenn wir zum Beispiel mit den Produktionsgütern handeln. Beispiel: Wir entwerfen eine Broschüre und lassen diese auf eigene Kosten produzieren. Nun stellen wir dem Kunden unsere Entwurfsarbeiten in Rechnung (Werkvertrag), dazu die Nutzungsvergütung (Lizenzvertrag) und jetzt die Produktionskosten inklusive Gewinn-Aufschlag (Kaufvertrag).

Dienstvertrag

Man könnte meinen, dass wir Dienstleister sind. Immerhin umfasst die Leistung des Dienstvertrages eine „Dienstleistung". In der Regel sind wir dies aber nicht. Bei einer Dienstleistung wird nämlich nur die Leistung an sich geschuldet – nicht der Erfolg. So ist zum Beispiel der Arzt ein Dienstleister. Er kann nicht den Erfolg - die Gesundheit - garantieren. Anders ist dies bei der Entwicklung eines Gestaltungsentwurfs.

Werkvertrag

Entwurfsarbeiten fallen in aller Regel unter die Werkverträge. Wir schulden unserem Vertragspartner nicht nur das Bemühen, sondern den Erfolg, nämlich die „Herstellung eines Werkes". Dafür erhalten wir eine Vergütung nach Abnahme unserer Leistung. Das heißt nun aber nicht, dass unser Werk dem Kunden auch gefallen muss. Immerhin genießen wir Gestaltungsfreiheit. Geschuldet ist allein die „Erfüllung der vereinbarten Leistung". Das ist der Fall, wenn wir unsere Leistung handwerksgetreu, vollständig und termingerecht (wenn vereinbart) erbringen. Ein Mangel liegt vor, wenn wir uns nicht an das Briefing halten, und unsere Arbeit für den gewünschten Verwendungszweck völlig unbrauchbar ist.

„Schön" oder „Unschön" spielen dabei keine Rolle. Eine unsittliche Darstellung zur Bewerbung eines Kinderfestes dürfte jedoch am Thema vorbei gehen … Um Missverständnissen vorzubeugen, sollten Sie schon im Vorfeld Ihre gestalterische Herangehensweise mit aussagekräftigen Referenzen offenlegen und möglichst genau die konkreten Projektanforderungen an Sie abklären (Stichwort „Briefing"). Zudem ist es ratsam, die wichtige Frage der „Werkabnahme" und deren Voraussetzungen in die Allgemeinen Vertragsgrundlagen aufzunehmen.

Was für eine schöne Überleitung zum nächsten Kapitel.

Allgemeine Geschäftsbedingungen

Allgemeine Geschäftsbedingungen (AGB) – bei Designern auch gerne Allgemeine Vertragsgrundlagen (AVG) genannt – sind ein wichtiger Teil des Vertrages und bestimmen die allgemeinen Vertragsbedingungen. Während wir uns im eigentlichen Vertrag mit den wichtigsten Fragen herumschlagen: „Wer will was von wem?", werden in den AGB´s die Rahmenbedingungen festgelegt. Unsere Vertragsbedingungen sollten möglichst einfach formuliert, kurz und knapp sein. Man sollte und darf es dem Geschäftspartner nicht zumuten, sich mit seitenlangen komplizierten Texten herumzuschlagen. Fassen Sie Ihre Bedingungen auf einer Seite zusammen; und dies in einer lesbaren Schriftgröße und in schnell erfassbaren Textabschnitten.

Sind die AGB´s nun unsere Vertragsbedingungen, ist es selbstverständlich, dass diese unserem Geschäftspartner bei Vertragsabschluss bekannt sein müssen bzw. bekannt sein könnten. Rücken Sie erst nach Auftragsvergabe oder gar bei der Rechnung mit Ihren Bedingungen heraus, ist der Zug abgefahren.

Mein Tipp: Fügen Sie gleich Ihrem Angebot Ihre Allgemeinen Vertragsgrundlagen bei. Weisen Sie darauf hin, dass mit Angebotsannahme auch Ihre Allgemeinen Geschäftsbedingungen anerkannt werden, und lassen Sie sich das Angebot als Auftragsbestätigung unterschrieben zurückfaxen.

Was gehört nun alles in diese Geschäftsbedingungen? Eines gleich vorneweg: Keine Regelung darf gegen die „Guten Sitten" verstoßen. Es dürfen also keine fiesen Überraschungen in den Geschäftsbedingungen versteckt sein. Diese wären unwirksam.

In der Regel gliedern sich AGB´s wie folgt:

› Allgemeine Hinweise
› Erläuterungen zur Vergütung und zu den Nutzungsrechten
› Regelungen zur Vergütung von Sonderleistungen
› Werkabnahme und Fälligkeit der Vergütung
› Eigentumsvorbehalt
› Bestimmungen zur Gewährleistung
› Bestimmungen zur Haftung
› Bestimmungen zur Gestaltungsfreiheit
› Bestimmungen zum Verbleib von Originalen
› Schlussbestimmungen.

Auf die wichtigsten Punkte möchte ich etwas näher eingehen.

Urheberrecht und Nutzungsrechte

› Weisen Sie auf Ihre Urheberrechte hin und auf die Übertragbarkeit der Nutzungsrechte. Sichern Sie sich Ihre Rechte als Urheber, indem die vereinbarten Nutzungsrechte erst nach vollständiger Bezahlung der Vergütung übergehen lassen.

› Auch sollte man ein Miturheberrecht des Kunden ausschließen, auch wenn dieser durch Ratschläge, Ideen oder Anregungen im Schaffungsprozess eingebunden war.

› Zuletzt sollten Sie auf Ihr Recht bestehen, als Urheber eines Werkes auf den Vervielfältigungsstücken genannt zu werden und Ihre Arbeiten zu Demonstrationszwecken öffentlich wiedergeben zu dürfen. Immerhin sind Ihre Referenzen Ihr Kapital und eines der Hauptargumente bei der Kundenakquise!

Vergütung

› Hier sollte Ihr Stundensatz genannt werden und ein Hinweis auf die Berechnung der Entwurfs- und Nutzungsrechtevergütung. Auch gehört die Frage der Fälligkeit hierher. Da wir über einen Werkvertrag sprechen, ist die Vergütung in der Regel bei Ablieferung und Abnahme des Werkes fällig und ohne Abzug zahlbar.

› Denkbar ist eine Regelung, nach der Teilabnahmen oder Anzahlungen bei Auftragsvergabe möglich sind. So können große Projekte in kleine Häppchen untergliedert und vergütet werden.

› Nicht zu vergessen ist, dass jede Arbeitsleistung Ihre Lebenszeit ist: Lassen Sie sich diese bezahlen. Damit sind sämtliche Sonderleistungen von der Umarbeitung eines Entwurfs bis zu Druckabnahme zu vergüten, samt Erstattung der Reisekosten und Spesen.

Eigentumsvorbehalt

› Grundsätzlich kann Ihr Kunde nur ein Recht auf die Nutzung Ihrer Arbeiten erwerben. Entwickeln Sie eine Imagebroschüre, bekommt Ihr Kunde die entsprechenden Entwürfe zu Gesicht und ggf. zur Produktion der Broschüre zur Verfügung gestellt. Die Originale sind nach angemessener Frist unbeschädigt wieder an Sie zurückzugeben, falls nicht ausdrücklich etwas anderes vereinbart wurde.
› Insbesondere hat der Kunde i.d.R. keinen Anspruch auf Rohdaten oder offene Computerdateien. Diese gehören allein Ihnen.

Haftung

› Schränken Sie Ihre Haftung wenn möglich auf Vorsatz und grobe Fahrlässigkeit ein.
› Dies gilt nicht nur für Fehler in der Auftragsbearbeitung und –abwicklung, sondern auch für Schäden, die an Materialien des Kunden entstehen. Schadensersatzansprüche wegen beschädigter Originalfotos oder Urkunden, die Ihnen zur Auftragsbearbeitung überlassen wurden, könnten Ihnen rasch die Tränen in die Augen steigen lassen.
› Schützen Sie sich auch vor Fehlern, die durch den Kunden selbst verursacht werden. Legen Sie all Ihre Arbeiten zur

Überprüfung auf vertragsgemäße Erstellung dem Kunden vor, und lassen Sie sich diese vor der Produktion „abnehmen". Weisen Sie darauf hin, dass mit der Abnahme der Auftraggeber die Verantwortung für die Richtigkeit von Text und Bild und damit auch die Haftung dafür übernimmt.

› Versuchen Sie darüber hinaus die „Gefahr Kunde" bestmöglich in Schach zu halten. So sollten Sie dafür Sorge tragen, dass Sie nicht für Fehler des Kunden haften. Seien dies terminliche Verzögerungen, verschleppte Abnahmen oder mit Rechten Dritter belastete Materialien. Lassen Sie sich von Ersatzansprüchen Dritter freistellen, und vergessen Sie nicht eine Vereinbarung über die Erstattung der anfallenden Rechtsverfolgungskosten zu treffen.

Dies und Das

› Jetzt noch ein wenig von diesem und jenem. Zur Vermeidung späterer Streitereien sollten Sie darauf hinweisen, dass Sie in der Gestaltung frei sind und eine Reklamation wegen künstlerischer Meinungsverschiedenheiten ausgeschlossen ist.

› Auch ist zu regeln was passiert, wenn sich der Inhalt oder Umfang der Arbeiten nach Vertragsabschluss ändert. Hier sind die Mehrkosten vom Kunden zu tragen und bereits begonnene Arbeiten entsprechend zu vergüten.

› Bestimmen Sie Ihren Bürositz als Erfüllungsort, das hiesige Gericht als Gerichtsstand und das Recht der Bundesrepublik Deutschland als geltendes Recht.

› Schließen Sie mit der Salvatorischen Klausel, nach der die

Unwirksamkeit einer Klausel nicht die Geltung der übrigen Bestimmungen berührt. Übrigens: Verstößt eine Regelung gegen das geltende Recht, greift ohnehin das Bürgerliche Gesetz. Das gilt auch für den Fall, dass unser Geschäftspartner eigene AGB´s einbringt und sich diese mit unseren Klauseln widersprechen. Dann nämlich treten diese Bestimmungen außer Kraft und an deren Stelle tritt das AGB-Gesetz, welches seinerseits in den meisten Fällen auf das normale Bürgerliche (Vertrags-) Recht verweist.

Ausformulierte Fassungen von AGB´s sind im Internet zu finden. Schauen Sie bei den Berufsverbänden nach und holen Sie sich auch Anregungen von Kollegen. Wie zu erwarten stellt natürlich auch die AGD jedem Mitglied vorformulierte „Allgemeine Vertragsbedingungen" zur Verfügung. **WICHTIG: Lassen Sie die AGBs von einem Fachanwalt auf ihre Rechtmäßigkeit überprüfen!**

So. Ich hoffe, ich konnte den einen oder anderen Denkanstoß geben und wünsche gutes Gelingen beim Angeboteschreiben, kreative Ideen bei Ihren Entwürfen und ausschließlich zufriedene Kunden.

Abschließende Anmerkung: Niemand ist unfehlbar. Entsprechend gebe auch ich keinerlei Garantien für die Richtigkeit der Angaben in diesem Buch. Ich würde mich freuen, wenn ich ebenso positives wie konstruktives Feedback und Verbesserungsvorschläge bekommen würde: info@designers-inn.de

Bevor du dieses Buch beiseite legst ...

1. Hast du deine Arbeitsabläufe in sinnvolle und berechenbare Arbeitsschritte unterteilt?

2. Hast du deinen Stundensatz berechnet?
Wie hoch sind deine Personalkosten? Ergebnis: _____
Wie hoch sind deine Betriebskosten? Ergebnis: _____
Wie hoch sind deine sonstigen Kosten? Ergebnis: _____
Wie viele „abrechendbare Stunden" arbeitest du pro Jahr? ___
Wie hoch ist dein Stundensatz? Ergebnis: _____

3. Auch wenn du Nutzungsrechte nicht berechnest, solltest du sie verhandeln können.

Welche Rechte müssen bei einem „öffentlichen Auftrag" ausgewiesen werden, z. B. bei der Gestaltung einer Broschüre für deine Stadt?

4. Jeder Auftrag ist ein Vertrag mit deinem Kunden. Was ist ein Kaufvertrag? Was ist ein Werkvertrag und was ist ein Dienstvertrag?

5. Welche Auswirkung hat das Vertragsrecht auf die „Erfüllung", sprich: Wann bekommst du für deine Leistung dein Geld?